ATTENTION, CHUTE D'ANGES

DU MÊME AUTEUR
aux Éditions du Cerf

Pourquoi les vaches ressuscitent ?, 2019

FRANCK DUBOIS

ATTENTION, CHUTE D'ANGES

Pourquoi le pangolin aussi monte au ciel ?

LES ÉDITIONS DU CERF

Nihil obstat
J.-B. RÉGIS, o. p.
R. ESCANDE, o. p.

Imprimi potest
Paris, le 13 juillet 2021
N. TIXIER, o. p.
Prieur provincial

www.editionsducerf.fr
24, rue des Tanneries
75013 Paris

ISBN : 978-2-204-14565-7

Aux frères novices.

Le pangolin monte-t-il au ciel ?

Le président de la République vient de me demander d'écrire un livre. Bon, pas directement, je vous l'accorde. Mais enfin, il a bien dit qu'il fallait rester chez soi et lire. Comme je ne sais pas bien comment passer le temps en ce moment, après avoir fait le ménage de ma petite chambre, et enfin rendu mes comptes à mon prieur (avec une semaine de retard), je m'interroge. Comme mes voisins sans doute. Que faire pour être utile ?

Je pense, comme tout le monde, aux docteurs, aux vrais docteurs, qui sauvent des vies en ce moment, et à tous ceux qui contribuent à l'effort, de près ou de loin. Moi, je dois rester au couvent, trop simple. Chez moi, c'est grand. Il y a douze autres bonhommes plutôt sympathiques avec qui je vis depuis longtemps. Et je me suis dit : si des gens doivent lire, il faut bien que d'autres écrivent. C'est moins utile que de sauver des vies, à court terme en tous les cas. C'est moins glorieux. Avouons-le, c'est bien moins compliqué. Mais je vais le faire. D'abord parce que je me dis depuis longtemps qu'il fallait que je le fasse. Et puis, si un de ces héros de 2020, un jour, après la bataille, veut se détendre, peut-être que ce petit livre lui apportera un brin de réconfort, juste un petit peu. Ce serait ma plus grande fierté. Ma façon de lui dire : « Merci ».

Très bien, mais écrire sur quoi ? Ce midi, à la messe – célébrée portes closes –, devant les chaises vides, le frère Marcel, vétéran de notre communauté, a débuté très fort : « Nous faisons bien de demander au Seigneur de nous protéger contre le diable qui attaque notre âme et contre le virus qui attaque nos corps. » Bien sûr, je n'allais pas interrompre notre vénérable frère au milieu de sa tirade inaugurale. On fait tous de notre mieux ces jours-ci pour tâcher de prêcher de façon convaincante à vingt-cinq rangs de chaises vides. On se console en se disant que les anges écoutent, qu'ils prennent des notes, qu'ils se marrent un peu quand on dit vraiment n'importe quoi sur le Bon Dieu, et qu'ils vont ensuite, de-ci, de-là, apporter un peu de réconfort et de force à ceux dont ils ont la charge. Mais enfin, frère Marcel, donc, m'a légèrement contrarié. Ou du moins fait réfléchir.

Pourquoi le démon se chargerait-il des âmes, et le virus des corps ?

La question vous paraît peut-être incongrue. Voilà encore un dominicain qui complique les choses, alors que l'époque est suffisamment confuse. Mais restez avec moi, vous allez comprendre. Le virus, lui, s'attaque à nos corps ? D'accord. Mais parler ainsi, n'est-ce pas sous-entendre – avec une fausse naïveté – que « la vilaine petite bête », comme l'appelle notre prieur, est dotée d'une certaine autonomie, d'une volonté de nuire, voire d'une personnalité ? Aussi, sans se tromper on pourrait presque qualifier le vilain Covid de « pervers narcissique ». Sournois, opérant dans l'ombre, s'attaquant à ce qu'il y a de plus sacré entre nous : les liens humains. Le vil Covid veut tout mettre par terre. Et d'ailleurs on lui fait « la guerre ». Vous me direz : c'est une façon de parler. Je vous réponds : le langage, c'est un peu comme un mille-feuille, ça a plusieurs couches. Les mots veulent toujours nous dire quelque chose de plus profond que ce qu'ils semblent exprimer à la surface. Ce sale petit Covidard est donc affublé, sans même qu'on le remarque, de traits très humains. Mais ce n'est pas un homme tout de même. On ne le voit pas, il est invisible, insaisissable. Bref, il aurait une méchante petite âme que ça ne nous étonnerait guère.

Je sais bien ce que frère Marcel veut dire. Après quelques heures de confinement, je vois déjà combien tel frère me tape sur le système, j'angoisse dès que je ne me suis pas lavé les mains depuis 45 minutes et je crains la mort dès que je touche la poignée de la porte du réfectoire. Je suis ridicule. Je suis en train de me laisser avoir par la sale bête. Pas de doute, tout cela, c'est bien la faute à ce couard de Covid.

Alors, finalement : le Covid et le démon ne feraient qu'un ? Attention, il faut distinguer. Je sais, un peu comme tout le monde, que le Covid est un virus. Je ne connais pas grand-chose sur les virus. Mais j'imagine que les biologistes, les médecins et autres virologues en savent un paquet sur lui, et cela fait du bien de se le dire. Au sein d'un laboratoire, quelque part dans le monde, une bande de scientifiques incroyables est en train de tout faire pour s'attaquer à ce petit coquin, avec les meilleures armes. Surtout, qu'ils continuent leur travail. Je leur paye un café (ou une bière, c'est selon) quand ils le veulent, et je prie pour eux non-stop. Car ils vont finir par l'avoir. Et cela nous rassure, et nous donne même espoir. On va s'en sortir. Le Covid-19 est un virus à combattre rationnellement, scientifiquement, comme tout virus. Et moi, théologien en herbe, religieux catholique, je fais confiance à la science pour nous en débarrasser. Je ne vais pas embrouiller la tête de ma bande de scientifiques avec des histoires de diable et de démons, alors qu'ils manipulent leurs éprouvettes. Promis, je serai discret. Je travaillerai sans bruit.

Et cependant, je ne peux pas croire que Dieu a créé le scélérat de Covid comme ça, pour s'amuser. Pour nous punir, ou nous apprendre une bonne leçon. On pourra toujours me dire : tu n'as rien compris, le Covid-19 est issu d'une mutation génétique : c'est un gars qui a mangé un pangolin[1], porteur d'un parasite bénin devenu malin. Certes. Mais au plus je repousserai la question, au plus je pourrais dire : alors

1. À l'heure où j'écris ces lignes, l'origine du virus est encore inconnue. L'hypothèse « pangolin » ne tient peut-être plus vraiment la route, mais ce n'est pas l'essentiel de mon propos, vous en conviendrez !

pourquoi le premier virus ? La première maladie ? La première tuile tombée sur la tête de l'homme en particulier, et du monde en général. En gros : « pourquoi le mal ? »

Attention, pas le mal dont nous sommes responsables à un certain degré. Pas la banquise qui fond à cause du gaz à effet de serre et pas les hommes qui meurent de faim parce qu'on spécule sur le blé ou le riz. Pas les guerres et le terrorisme. Non. Mais le mal gratuit qui vous tombe dessus sans que vous l'ayez mérité. Bien sûr, vous allez me dire : « En quelques pages, ce type veut résoudre la question du mal ? » Et je vous vois déjà reposer le bouquin : « Encore un dominicain prétentieux. » Qu'on se rassure. Je ne vais rien résoudre du tout. D'abord, parce que notre Maître, Jésus, s'y est refusé. Lorsqu'on lui demande pourquoi une tour s'effondre sur des innocents (Luc 13, 4), ou pourquoi untel est né aveugle (Jean 9), il ne répond jamais par « parce que ». Jésus ne justifie pas le mal, il ne l'explique pas. Il le combat. En vérité, c'est la seule option possible. Encore bravo aux médecins et aux scientifiques. Mais Jésus, lui, n'aurait sans doute rien trouver à redire à l'expression « petite bête » de mon prieur, ni à la tirade magistrale du frère Marcel dans l'église désertée d'un jour de confinement. Oui, l'ignoble Covidard est lié au démon. Les deux, pour ainsi dire, sont alliés, si l'on regarde tout ceci avec le regard du théologien, du croyant.

Et c'est là qu'arrive la question que tout le monde se pose : les pangolins vont-ils rejoindre les vaches au ciel ? Pour ceux qui ont suivi les aventures de Cicéron le lapin[1], la question est tout à fait d'actualité. On aurait bien envie de condamner Pangolino, Monsieur, Madame et leurs petits, les empêcher de se joindre à la grande tablée du banquet du Royaume des Cieux. D'abord parce qu'on ne se sentirait

1. Voir F. DUBOIS, *Pourquoi les vaches ressuscitent (probablement)*, Paris, Éd. du Cerf, 2019.

pas trop en sécurité. Qu'un pangolin nous passe entre les pattes alors qu'on se rassasie sagement au banquet céleste, et c'est la panique. On chercherait en vain des masques (mais on est sans masque au ciel), on crierait au confinement (mais au ciel on ne se cache plus), on exigerait des mesures, un plan de relance. Et là, je parie que le Grand Patron calmerait le jeu : « Laissez-le ! Il fait partie du club. C'est une brave créature comme les autres. Elle a sa place dans la fresque finale. Il faut aussi accepter les pangolins. Rasseyez-vous ! »

Ensuite, ayant repris nos esprits et un peu de vin, nous comprendrions que le pangolin, qui n'a rien demandé, était, lui aussi, une victime, du mauvais démon et de son perfide covidule. Plus de doute possible : Pangolins aux cieux et démons aux enfers. Et maintenant voyons d'où nous viennent ces vilaines créatures qui, depuis le début, troublent sacrément notre jeu, en déjouant les plans du Créateur, en parasitant les pauvres petites bêtes et en menaçant gravement la vie des hommes. Allons débusquer l'ange déchu, démasquons-le. Il n'a que trop régné.

Le sujet étant un peu embrouillé, nous allons essayer d'être patients et d'y aller pas à pas. Certains se demanderont d'abord quel est le rapport entre les anges qui chutent et le démon, ou le diable. Nous verrons assez vite que l'on parle de la même chose. Un démon est un ange qui a mal tourné. Le premier qui a chu, c'est Satan, le diable par excellence. D'où cette question, qui nous occupera en premier lieu : si le diable est un ange qui chute, qu'est-ce qu'un ange ? Ayant examiné l'ange sous toutes ses coutures, on finira par se demander quand ces créatures mystérieuses sont-elles apparues. Après cela, il sera temps de voir d'où viennent les démons, c'est-à-dire pourquoi certains anges, tranquillement installés dans les cieux, ont un jour choisi de se détourner de leur mission originelle, préférant le mal au bien. On explorera ensuite comment cette chute des créatures célestes entraîna avec elle une partie de la création dont ils avaient la charge. Tout cela, verrons-nous enfin, a des conséquences bien réelles sur la façon de vivre notre foi, en citoyens responsables, complices des bons anges, prêts à se rallier à leur cause dans le combat qui les oppose aux démons.

Ce petit exposé vous désespère ? Vous fait peur ? Loin de moi l'idée de vous effrayer. Et puis, courage, on peut déjà vous le dire, Jésus « a vaincu le monde » et avec lui le diable qui se croyait « prince de ce monde » (Jean 14, 30). C'est Jésus lui-même qui nous le rappelle (Jean 16, 33) et c'est une vraie bonne nouvelle.

1

Au fait, c'est quoi un ange ?

Avant de parler d'ange déchu, il faut bien commencer par le début : l'ange tout court. On se tourne naturellement vers la Bible, qui ne manque pas d'anges. Il y a 176 occurrences du mot *angelos* dans le Nouveau Testament. Ce mot grec signifie « messager ». Ainsi, dans l'évangile selon saint Matthieu – qui cite le livre de Malachie – on lit : « Voici, j'envoie mon *angelos* [messager] en avant de toi, pour préparer ta route devant toi » (11, 10). Le messager en question est bien sûr Jean-Baptiste. Ici, donc, « ange » fait référence à un homme, en chair et en os[1]. En revanche, en Matthieu 1, 20, c'est bien un ange tout ce qu'il y a de plus angélique qui vient

1. L'iconographie orientale surfe sur cette double signification de *angelos*. Elle représente volontiers Jean-Baptiste affublé de grandes ailes. Il est le messager, l'ange, par excellence. Il vécut aussi une existence quasi-angélique de grand ascète, dans le désert.

annoncer à Marie qu'elle concevra un fils. Il apparaît d'un coup, il disparaît pareillement (un ange, ça se moque des mesures de confinement). Ce n'est plus un homme, c'est un pur esprit.

Jésus aime bien les anges, il en parle plusieurs fois : dans l'évangile selon saint Jean, le Christ annonce à Nathanaël qu'il verra le ciel ouvert et les anges monter et descendre au-dessus du Fils de l'homme (1, 51). Dans l'évangile selon saint Matthieu, Jésus nous met en garde : ne méprisez pas les petits, car aux cieux, leurs anges se tiennent sans cesse en présence de son Père (18, 10). Chez Luc, les anges sont là pour réconforter Jésus à Gethsémani (22, 43). Enfin, deux hommes, qui pourraient bien être des anges, annoncent la résurrection aux femmes (24, 4).

Les anges sont partout dans l'Écriture. Dans l'Ancien Testament, ils apparaissent dès le départ : Dieu poste deux « chérubins » aux épées de feu (Genèse 3, 24) pour garder l'arbre de vie au milieu du jardin. Ils sont placés, ailes déployées vers le haut, de chaque côté du propitiatoire, qui recouvre l'arche d'alliance (Exode 25, 17-22). On apprend plus tard que Dieu « trône sur les chérubins » (Isaïe 37, 16 et Psaume 80). Ailleurs, la Bible parle des « séraphins ». Que l'on se rassure, eux aussi ont des ailes. D'après le livre d'Isaïe (6, 2) ils en ont trois paires, soit six en tout. Une paire pour se couvrir la face (parce que même les anges sont éblouis par la gloire de Dieu dont ils chantent la louange), une paire pour voler, et une paire pour se couvrir les pieds – ce qui augure de débats tarabiscotés et comiques que vous comprendrez mieux en allant voir, dans les notes de vos Bibles, le sens caché de ce bel euphémisme scripturaire...

Il faut aussi rajouter à la catégorie « anges » d'autres créatures dont nous parle la Bible : par exemple les « principautés, puissances et dominations » évoquées par saint Paul (Éphésiens 1, 21). C'est finalement la tradition chrétienne qui rassemble sous le vocable d'« anges » toute une série de créatures qui ont en commun de porter un message de la part de Dieu, ou bien encore de l'honorer, ou de nous protéger et de gouverner une part de l'univers. Ils vont et viennent librement à travers l'espace et le temps.

À travers l'espace, parce qu'ils apparaissent où ils veulent. À travers le temps, parce qu'on retrouve ces anges à plusieurs moments de l'histoire du peuple d'Israël. Ainsi, l'archange Michel, est présent dans le livre de Daniel (10, 21) et dans le livre de l'Apocalypse (12, 7). Cela fait donc longtemps qu'on en a déduit, logiquement, que s'ils n'étaient pas soumis aux contraintes du temps et de l'espace, les anges n'avaient pas de corps. C'est, du moins, la conviction presque unanime des théologiens. De fait, l'Écriture nous le confirme en désignant à plusieurs reprises les anges comme de purs « esprits ». La Lettre aux Hébreux parle de Dieu comme le « Père des esprits » (12, 9) et le Livre de l'Apocalypse mentionne les

« sept esprits » qui sont devant le trône de Dieu (1, 4).

Là, évidemment, on me répondra volontiers : « Et que faites-vous des ailes des chérubins ? de celles de séraphins ? Que faites-vous de ces personnages énigmatiques – étaient-ils trois, était-il seul ? – qui visitèrent Moïse et lui promirent une descendance après avoir mangé le repas qu'on leur servit (Genèse 18, 1-9) ? » Il est vrai que certains des « anges » de l'Ancien ou du Nouveau Testament, ressemblent étrangement à des hommes de chair et d'os. C'est le cas de l'être mystérieux qui combat de nuit avec Jacob (Genèse 32, 23-33). Ces anges sont-ils humains, comme le suggèrent l'icône de la Trinité de Roublev, pour la première scène, et le tableau du combat de Jacob de Delacroix, pour la seconde ? Il faut plutôt admettre que ces différentes apparitions, ailées ou non, ne sont que des manifestations provisoires. Parfois, les anges prennent une apparence humaine.

Et les anges gardiens dans tout cela ? On aurait du mal à faire l'impasse sur cet ange si populaire. Dans l'évangile selon saint Matthieu, Jésus met en garde contre ceux qui méprisent les « petits », car leurs anges dans les cieux voient continuellement la face de son Père (Matthieu 18, 10). On en a déduit que chaque homme dispose d'un ange personnel qui lui est attitré. Parmi les théologiens à avoir recueilli cette tradition ancienne, citons Grégoire de Nysse, auteur du IVe siècle. Pour lui, l'ange gardien a été conçu par Dieu pour ne pas abandonner l'homme, perdu à la suite du péché originel. L'ange gardien est une aide précieuse pour l'homme qui tente de retrouver son chemin vers Dieu. Cette doctrine, Grégoire la tient de la tradition qui le précède :

> Il y a une doctrine digne de créance, qui nous vient de la tradition des Pères disant que, après la chute de notre nature dans le péché, la Providence divine ne nous abandonna pas à notre déchéance, mais plaça à

côté de nous pour le secourir dans la vie, un ange ayant une nature incorporelle[1].

Malheureusement, Grégoire poursuit en signalant que ce bon ange est flanqué d'un démon, chargé, lui, de nous égarer. On croirait voir une description de l'ange et du diablotin qui accompagnent Milou, le chien fidèle de Tintin :

> En revanche, le meurtrier de notre race [Satan] cherchant à nuire à la vie de l'homme, employa contre lui le même procédé, en la personne d'un démon mauvais et malfaisant. L'homme se trouve ainsi placé entre ces deux compagnons dont les intentions sont contraires. Il dépend de lui de faire triompher l'un ou l'autre.

Le mauvais démon fait miroiter à l'âme des plaisirs éphémères et mauvais, alors que l'ange gardien lui fait contempler les

1. GRÉGOIRE DE NYSSE, *La vie de Moïse*, trad. J. Daniélou, Paris, Éd. du Cerf, coll. « Sources chrétiennes », 1941, p. 67-68.

récompenses espérées à ceux qui pratiquent les vertus. Grégoire finit par dire que l'homme, par sa partie raisonnable et spirituelle – c'est-à-dire son âme – peut être appelé « frère de l'ange ». D'autres auteurs des premiers siècles assignent à l'ange gardien la fonction de médiateur avec Dieu. Il lui présente nos prières. Il est aussi un compagnon de route, qui protège l'homme des dangers.

Certes, les experts en Bible vous diront que ce ne sont que de vieilles histoires importées des religions voisines d'Israël. Lorsque les Hébreux furent déportés à Babylone, au VIe siècle avant Jésus-Christ, ils ne purent s'empêcher de s'extasier devant les fresques murales des temples de la région. Parmi les figures représentées sur les murs de ces lieux de culte et autres palais, de vénérables êtres ailés leur firent forte impression. Ils entendirent aussi parler des dieux et déesses locaux, du combat qu'ils symbolisaient entre les forces du bien et du mal. Il n'est donc pas étonnant que le livre d'Isaïe, par exemple, qui fut rédigé pendant et après cette période, foisonne d'anges. Certains ressemblent, à s'y méprendre, aux divinités babyloniennes.

Il n'y a pas de quoi s'en scandaliser. L'auteur du livre sacré s'inspire de ce qu'il voit et connaît. Il traduit à partir d'images et de concepts qui lui sont familiers ce que l'inspiration divine lui suggère. Il utilise aussi les codes et les allusions que ses auditeurs ou lecteurs sont susceptibles de comprendre. En ce sens, les anges, chérubins, séraphins et autres créatures mystérieuses et inquiétantes – tel Léviathan, bête étrange et féroce – sont les témoins d'un contexte bien particulier : le Proche-Orient autour des VIe-Ve siècles avant notre ère. On peut bien sûr rejeter ces images et se dire qu'elles n'ont plus rien à nous dire aujourd'hui. Cela fait longtemps qu'on a chassé les anges de notre quotidien. On n'a plus besoin de cela pour comprendre Dieu, ni pour comprendre le monde.

Sauf que Jésus lui-même n'a pas l'air d'être de cet avis. Si l'on devait supprimer toutes les fois où il parle d'ange, on viendrait à entailler magistralement les évangiles. Un peu d'humilité nous enjoint donc à prendre les anges au sérieux. Ou du moins ce que Jésus a voulu dire en parlant des anges. Parce que je vous vois venir : « C'est comme avec les Hébreux exilés à Babylone ! Jésus reprend les codes de son temps. Il parle d'ange parce qu'à l'époque, c'est comme ça que l'on parlait. » Jésus fait, lui aussi, avec la compréhension du monde que l'on avait en son temps. Face à un malade par exemple, les gens n'auraient pas compris s'il leur avait parlé de Covid. Face à un bâtiment qui s'écroule, ils n'auraient pas saisi qu'on leur explique l'accident en termes de forces physiques mal calibrées. À l'époque de Jésus, on croyait que la terre était plate, que des créatures mystérieuses et invisibles étaient à l'origine du mouvement des astres et qu'un vilain petit diablotin cornu se cachait derrière chaque maladie. Les anges et autres démons ou esprits mauvais étaient bien utiles à Jésus pour se faire comprendre d'une population aux connaissances scientifiques que nous avons vite fait de considérer comme « arriérées ».

Or il faut se méfier de telles généralisations. D'abord, il se trouve que Jésus parle effectivement d'un bâtiment qui s'écroule. Dans l'évangile de Luc (13, 4), il mentionne l'effondrement de la tour de Siloé, épisode inconnu par ailleurs, dans lequel périrent 18 personnes. À ce propos, Jésus affirme que ce drame n'a rien à voir avec la culpabilité éventuelle des malheureuses victimes. Il ne s'agit pas d'une quelconque vengeance divine. Ce n'est pas non plus un châtiment divin. Les anges ne sont pour rien dans l'affaire, pas plus que les démons, ou toute autre force obscure et occulte. Tout laisse à croire que c'est un accident lié à un défaut de construction… du moins si l'on fait le lien entre cet épisode et ce que Jésus affirme justement au chapitre suivant. En Luc 14,

28, Jésus nous avertit que celui qui veut bâtir une tour doit commencer par s'asseoir pour calculer les dépenses avant de s'engager dans le chantier. Sinon, il risque de bâtir les fondations et de se retrouver à court d'argent avant d'avoir tout fini. Jésus semble donc mettre l'accent sur la nécessité de prévoir, de bien construire une tour, alors qu'il vient juste de déplorer l'effondrement d'une autre. On ne peut pas l'accuser ici d'avoir recours à des explications – des excuses – surnaturelles pour expliquer un phénomène naturel : la négligence humaine peut conduire à des catastrophes. Jésus ne montre aucun dédain pour l'explication rationnelle des phénomènes. Ce n'est pas un démon qui a poussé la tour pour qu'elle s'écroule. C'est juste que les hommes n'ont pas bien fait leur travail.

De même, lorsque Jésus accomplit des miracles, ce n'est pas par complaisance, mais pour révéler son identité : il est le Dieu-qui-sauve, c'est d'ailleurs ce que signifie son nom. Mais, la plupart du temps, Jésus s'accommode des réalités naturelles sans les transgresser. Il marche, il mange, il boit comme tout le monde, il paye même l'impôt (Matthieu 17, 27) – avec, il est vrai, un petit coup de main surnaturel. Tout ceci est important. Puisque Jésus est Dieu, cela signifie que Dieu ne se moque pas du cours naturel des évènements. Il respecte l'autonomie des lois de la physique et de la biologie. Jésus n'a rien d'un magicien qui, d'un coup de baguette magique, transformerait le monde autour de lui pour son bon plaisir. Cela ne devrait pas nous étonner. Après tout, le monde a été fait par lui, comme le répète l'Écriture (Jean 1, 3 ; Romains 11, 36 ; Colossiens 1, 16) et comme le dit le Credo en parlant de Jésus : « Par lui tout a été fait. »

Dieu ne triche pas avec la nature qu'il a créée. Bien plutôt, Jésus exhorte à la comprendre et à l'observer. Il mentionne ceux qui scrutent le ciel et savent y repérer les traces de phénomènes atmosphériques à venir (Matthieu 16, 3), il connaît les rythmes qui président aux saisons des semences et des récoltes. Ses paraboles se fondent souvent sur l'observation avisée de la nature et de ses lois. Jésus n'est pas un scientifique, mais il n'est certainement pas non plus anti-scientifique, si on le replace dans le contexte de son époque. Il respecte ce que l'on appellerait aujourd'hui la science. Mais cela ne l'empêche pas, au contraire, de voir Dieu, ou ses anges, à l'œuvre dans ce monde. Après la physique, il y a la métaphysique. Reconnaître l'existence des anges n'est pas faire œuvre d'obscurantisme, mais de réconciliation : concilier physique et métaphysique. On peut être un bon scientifique et converser avec son ange gardien. L'un n'exclut pas l'autre.

Aujourd'hui, on sait bien que, du point de vue de la science, la maladie n'a rien à voir avec les démons et que la terre se passe très bien de moteurs angéliques pour accomplir sa révolution autour du soleil.

En fait, à première vue, nous n'avons plus besoin des anges, parce que la place qu'ils occupaient a été prise. Ils fournissaient une explication commode pour beaucoup de phénomènes que nous ne comprenions pas, mais que la science a fini, peu à peu, par expliquer. Les « trous » dans notre compréhension du monde, ses phénomènes physiques, ou biologiques, ont été comblés par Newton, Darwin, Pasteur, Einstein et les autres. Mais laisser aux explications scientifiques toute la place dans notre façon d'appréhender le monde pose un double problème. Premièrement, cela risque de nous faire croire que la vraie liberté n'existe pas et que tout est toujours joué d'avance ; et, deuxièmement, en privant les anges et Dieu de toute capacité d'action dans le monde réel et concret dans lequel nous évoluons, on finit par les renvoyer dans leur ciel pour de bon et tout simplement nier leur existence.

Ainsi, tout expliquer risque de nous faire tomber dans un fatalisme inquiétant.

Si absolument tout ce qui arrive est la conséquence de lois que l'on peut déterminer, alors tout ce qui arrive doit forcément arriver. Si l'on étend ce raisonnement aux domaines de la psychologie ou de la sociologie, on arrivera à dire que même les actions de l'homme sont déterminées par avance par des lois sur lesquelles il n'a pas prise. Telle action que j'entreprends maintenant (par exemple écrire ce livre) n'est jamais que la conséquence d'une autre action qui elle-même provient d'une autre. Ainsi, de cause en cause, on finirait par retracer l'exact enchaînement qui m'emmène jusqu'à l'action que je mène aujourd'hui. Enchaînement : le mot est fort. Comme si j'étais enchaîné, défini, emprisonné par ce réseau de causes qui me précèdent et qui, immanquablement, m'ont conduit à être celui que je suis aujourd'hui et à faire ce que je fais aujourd'hui.

On me dira : « Mais non, tu as fait tes propres choix. Personne ne t'a obligé à devenir dominicain, encore moins à écrire un livre sur les vaches et un autre sur les anges. » Mais un autre répondra : « Bien sûr que si. Frère Franck n'a fait que réagir à des situations précises. Celui qui arriverait à cartographier exactement sa psychologie, sa manière de penser, retracer son passé avec exactitude, pourrait avec précision déterminer à l'avance les choix qu'il entreprendra. D'ailleurs, il suffit de voir l'introduction de son livre sur les vaches[1], pour comprendre que celui-ci n'est que la réponse inconsciente au traumatisme vécu par sa maman, une cinquantaine d'années plus tôt, lorsque son lapin Cicéron est passé à la casserole. Il lui fallait tirer au clair la destinée de ce pauvre animal. »

Certes, aujourd'hui nous ne disposons pas de toutes les données nécessaires pour prévoir exactement ce que chaque homme va faire, en fonction de son histoire passée, mais certains vous diront que ce n'est qu'un manque d'information. Tout savoir, ce

1. Voir F. DUBOIS, *Pourquoi les vaches ressuscitent*, Paris, Éd. du Cerf, 2019, Introduction.

serait tout prévoir. En attendant, motivés par cette façon de penser, ils vont tâcher d'en savoir le maximum. Ils vont déterminer par avance, à l'aide de statistiques et d'algorithmes, ce que frère Franck est susceptible de faire comme choix dans l'avenir. Demandez à Google et aux autres moteurs de recherche, qui gardent précieusement l'historique de ses consultations de sites internet. À partir de ces données, des calculs sophistiqués vont indiquer les prochains sites qu'il consultera très probablement. Il y a des chances pour qu'il aille chercher sur internet des livres sur les vaches, ou encore sur les anges. Il va aussi vouloir se renseigner sur l'espérance de vie du pangolin. C'est prévisible. C'est presque inéluctable.

Certes, on se veut parfois rassurant : il y a tellement d'informations à connaître pour pouvoir prévoir avec certitude ce que frère Franck va faire, que c'est impossible. Il en est de frère Franck comme des tornades ou des tremblements de terre.

Nous savons les lois qui en expliquent la genèse. Nous pouvons parfois même expliquer et décrire a posteriori le mécanisme qui a donné lieu à tel évènement, mais nous ne pourrons jamais savoir exactement où et quand frappera le prochain désastre.

Au fond, une telle conception n'admet aucune liberté. Au mieux, elle tolère un certain arbitraire, s'il est vrai que des lois physique, biologique, sociale, psychologique qui régissent le monde autorisent une dose d'indétermination liée au hasard. Ou bien, si on ne peut pas encore tout prévoir aujourd'hui, jusqu'au moindre détail du comportement humain, c'est que nous n'avons pas encore toutes les données nécessaires pour le faire – parce qu'un comportement est la conséquence d'une somme vertigineuse de causes qui s'enchaînent les unes aux autres. Mais ce n'est qu'une question de déficit d'information qui se résout assez bien par des calculs de probabilité statistique. En gros, celui-là, on sait où il va. On pourra lui vendre l'assurance-vie adaptée à son espérance de vie supposée, lui vanter tel produit qu'il sera susceptible d'acheter en ligne, orienter gentiment ses choix pour coller à ses désirs prévisibles.

A contrario, admettre que Dieu, ou les anges, peuvent intervenir, d'une façon ou d'une autre, dans le cours du monde, c'est admettre que les lois de la nécessité et du hasard ne sont pas les seules qui le régissent. Le Créateur peut intervenir « dans » le monde depuis l'« extérieur » du monde où « il se trouve ». Dieu, on ne peut pas savoir à l'avance ce qu'il va penser. Il ne consulte pas internet et n'est pas influencé par des évènements antérieurs. Ou, s'il l'est, il reste parfaitement libre par rapport à eux. Dieu peut intervenir librement dans le monde, sans être déterminé par autre chose que sa propre et souveraine liberté. On peut penser qu'il en est ainsi également des anges qui, sans partager la même indépendance de Dieu par rapport au monde, sont tout de même plus libres que les autres créatures qui le peuplent. Bien plus, lorsqu'ils agissent au nom de Dieu, les anges partagent avec lui cette même et souveraine liberté. En réalité, on redécouvre au passage que l'hypothèse « Dieu » et « ange » est importante pour ménager une certaine liberté dans un univers qui, sinon, risquerait de tourner en rond. Or, les scientifiques savent bien que si la terre est ronde, le monde ne tourne pas complètement rond. Les lois scientifiques ne décrivent jamais un phénomène de façon exhaustive, celles-ci sont d'ailleurs le reflet d'un état déterminé des connaissances scientifiques à un temps donné, toujours susceptible d'évoluer avec le progrès de la recherche.

Mais il y a aussi un deuxième risque à vouloir tout expliquer sans Dieu ni les anges. Est-il vrai que l'explication rationnelle, physique ou biologique des phénomènes qui nous entourent prive absolument Dieu, ou des créatures spirituelles comme les « anges » de la possibilité d'intervenir dans le monde ? Est-ce que l'explication « naturelle », physique et biologique des phénomènes exclut forcément un autre point de vue et une explication complémentaire de ces phénomènes ?

Saint Thomas d'Aquin, depuis longtemps, a éclairé ce problème. Au XIIIe siècle, il avait déjà repéré que, de façon générale, l'explication la plus économe, la plus simple, est toujours la plus convaincante et souvent la plus vraie. Si l'on n'a pas besoin d'ange – ou de Dieu – pour expliquer tel ou tel phénomène, alors sans doute, c'est parce qu'il n'y a ni ange, ni Dieu. C'est ce qu'il rapporte au début de son ouvrage de référence, la *Somme de théologie*[1] :

> Ce qui peut être accompli par des principes en petit nombre ne se fait pas par des principes plus nombreux. Or, il semble bien que tous les phénomènes observés dans le monde puissent s'accomplir par d'autres

1. THOMAS D'AQUIN, *Somme de théologie*, Ia q. 2 a. 3 ad 2 et la réponse qui correspond.

principes, si l'on suppose que Dieu n'existe pas ; car ce qui est naturel a pour principe la nature, et ce qui est libre a pour principe la raison humaine ou la volonté. Il n'y a donc nulle nécessité de supposer que Dieu existe.

On peut expliquer le fait que le soleil se lève sans avoir recours à Dieu : cela s'appelle la révolution des astres. On peut expliquer le manque de concentration et la tendance crasse à la procrastination de l'auteur de ce livre en temps de confinement par un brin de psychologie, pas besoin d'ange ou de démon de la paresse pour cela. L'argument, qui sonne si bien à nos oreilles modernes, semble imparable. Heureusement, Thomas d'Aquin a toujours une réponse aux objections qu'il s'oppose à lui-même lorsqu'il expose une question.

Puisque la nature ne peut agir en vue d'une fin déterminée que si elle est dirigée par un agent supérieur, on doit nécessairement faire remonter jusqu'à Dieu, première cause, cela même que la nature réalise. Et de la même manière, les effets d'une libre décision humaine doivent être rapportés au-delà de la raison ou de la volonté humaine, à une cause plus élevée.

Cette idée se retrouve également sous la plume d'auteurs contemporains. Tout en admettant la validité des explications naturelles des phénomènes – par exemple les lois décrites par Darwin et ses successeurs concernant l'évolution des espèces animales – ils affirment que ce n'est pas suffisant. C'est le cas de R. Swinburne :

> L'explication [darwinienne] pour l'existence des organismes complexes est certainement correcte, mais ce n'est pas l'ultime explication des faits. Pour une explication ultime, nous avons besoin d'une explication au plus haut niveau qui nous dise pourquoi ce sont ces lois qui existent et non pas d'autres[1] ?

1. R. SWINBURNE, *Is there a God ?*, Oxford, Oxford University Press, 1990, p. 60.

On peut penser que ces lois existent parce qu'elles ont permis à la nature de se développer comme elle l'a fait, en laissant émerger une espèce particulière d'être vivant – les hommes – dotés de capacités cognitives supérieures à tous les autres êtres vivants.

Bref, Dieu et les anges ne nous offrent pas tant des explications pour comprendre l'origine des êtres, que leur destinée. Ils agissent par attraction plutôt que par causalité antécédente. On appelle cela la *cause finale*. Les anges nous guident vers notre avenir. Ils nous montrent le chemin, depuis l'ange qui accompagne Tobie dans son voyage, dans le livre de Tobie, jusqu'à l'ange de la résurrection qui indique aux femmes que Jésus les précède en Galilée (Marc 16, 7).

Il est donc important de prendre les anges au sérieux. Mais il est également nécessaire de prendre la part d'aléatoire, d'imprévisible et d'immaitrisable dans la science au sérieux. Il se pourrait que l'ange intervienne dans le monde par le truchement de facteurs purement contingents et apparemment aléatoires qui contribuent à expliquer tel ou tel phénomène. D'ailleurs, notre époque ne s'y trompe pas : elle est fascinée par les anges et le surnaturel en général. Pourquoi l'engouement pour le rayon angéologie de la librairie du coin ? Pourquoi la mode des prières de guérison ? Pourquoi la ruée vers l'ésotérisme ? Je ne veux pas jeter l'opprobre sur ces quêtes de sens qui font rire certains. Il n'est jamais bon de se moquer du monde. Encore moins bon de soupçonner un quelconque obscurantisme chez ceux que les anges, ou les esprits, passionnent. Parmi eux, il y a des médecins, des scientifiques, des gens sans et avec diplôme, des croyants et des non-croyants, et même des dominicains…

Soyons sérieux, quelque chose de profond en nous réclame des anges. Des bons anges gardiens, mais aussi des anges plus obscurs. Ce n'est pas être arriéré ou superstitieux. Ce n'est pas faire une croix sur nos connaissances rationnelles et modernes du monde. C'est assumer le foisonnement angélique dans nos Bibles, et c'est se ménager une possibilité de comprendre d'un point de vue différent une même réalité, sans que ce point de vue n'en chasse un autre. Quelque chose nous dit que la science est vraie, que nous lui faisons confiance, avec raison. Mais ce n'est pas la seule dimension de nos existences. Aussi, il faut plutôt se réjouir de cette affirmation du *Catéchisme de l'Église catholique* :

> L'existence des êtres spirituels, non corporels, que l'Écriture Sainte nomme habituellement anges, est une vérité de foi. Le témoignage de l'Écriture est aussi net que l'unanimité de la tradition[1].

Puisqu'aujourd'hui, beaucoup de monde semble fasciné par ces créatures invisibles,

1. *Catéchisme de l'Église catholique*, n° 328.

il faut prendre au sérieux cette soif de comprendre ce dont parle si souvent la Bible et qui rejoint une intuition ancrée jusque dans nos mentalités modernes : il y a bien un monde invisible « autour » de nous. Affirmer cela, ce n'est pas tomber dans l'irrationnel, mais à une condition : que nous nous laissions guider par le seul vrai guide d'angéologie, et ses commentaires patentés. Que la Bible soit notre manuel privilégié pour explorer le monde des anges, et avec elle, toute la tradition chrétienne qui s'en réclame. Il serait tout de même dommage de se priver des anges familiers qui se bousculent dans nos Bibles et nos traités de théologie, pour en inventer d'autres, farfelus. Mieux vaut les anges connus que la tradition juive et chrétienne a tenté d'amadouer, de comprendre et d'interpréter pendant des siècles que des anges importés, sortis tout droit de l'imaginaire débordant des marchands de rêves et autres escrocs angéologues de notre XXIe siècle post-confinement.

Car il y a un risque à ne pas prendre l'ange à bras-le-corps, comme le fit Jacob naguère au torrent du Yabboq (voir Genèse 32, 23-32). Laisser l'ange, surtout le mauvais, s'échapper de notre étude, c'est ne pas lui assigner une fonction déterminée dans notre représentation de l'univers. Dans le meilleur des cas, il en sort complètement. Mais il y a plutôt fort à parier qu'en refusant d'attribuer à l'ange déchu une place quelconque dans le monde, on lui donne la possibilité de l'envahir tout à fait. Mieux vaut donc lui réserver un lieu, le mettre dans un coin. C'est déjà lui désigner une limite. C'est considérer qu'il ne peut pas tout parce qu'il n'est pas partout. Nommer Satan, le désigner dans l'antre nauséabond où il se tapit, telle une bête féroce prête à sauter sur sa proie (voir 1 Pierre 5, 8), c'est déjà le mater. Arrière Satan, je t'ai vu ! Je n'ai même pas peur de te regarder. Tu es là, je le sais. Tu n'auras pas le plaisir de m'avoir par surprise. Je ne te crains pas, parce que je sais qui tu es. Et que je sais d'où tu viens. Tu ne m'impressionnes pas, ange déchu. Tu n'as pas de mystère pour moi, ou si peu.

Libre à vous, bien entendu, de ranger les anges bibliques au rang des mythologies et figures de style. On peut certainement vivre droitement et saintement sans trop se soucier de nos invisibles voisins. Seulement, je vous laisserai vous arranger avec eux quand vous les croiserez au seuil du paradis. Revenons donc aux anges de la Bible…

2

Quand est-ce que les anges furent créés ?

La Bible est pleine d'anges, certes, mais d'où viennent-ils ? Bonne question. Il est vrai que l'origine des cohortes angéliques reste largement inexpliquée dans la Bible. Nulle part, en effet, il est dit comment, où et quand ont été créées ces créatures. Le livre de la Genèse est pourtant très précis lorsqu'il décrit la création du monde inanimé. Il nous dit quand furent créés les astres, la terre, les eaux. De même pour le monde animé. Le récit de la Genèse mentionne la création des végétaux, des animaux et des hommes. Mais, on a beau chercher, les anges manquent à l'appel.

Que dit l'Écriture sur la création des anges ? L'Ancien Testament n'offre pas de réponse claire. Pourtant, les anges sont présents dès le début de la Bible. Dans le livre de la Genèse, nous avons vu les chérubins qui gardent le paradis, sans parler du serpent, premier tentateur, que beaucoup ont pris pour le premier des anges déchus, comme on le verra. Ailleurs, l'Écriture semble même affirmer que les anges étaient présents dès la création du monde. C'est le cas du livre de Job à qui Dieu demande : « Où étais-tu quand je fondai la terre [...] parmi le concert joyeux des étoiles du matin et les acclamations unanimes des fils de Dieu ? » (Job 38, 4-7). Les « fils de Dieu », pour les spécialistes, est une manière de désigner les anges[1]. Si l'on en

1. L'assimilation entre les « fils de Dieu » et les anges provient notamment de Deutéronome 32, 8. On y affirme que Dieu répartit les « fils d'hommes » selon les nations et qu'il « fixe les limites des peuples suivant le nombre des fils de Dieu ». À chaque peuple, ou nation, correspond un des « fils de Dieu ». Mais à Jacob, c'est-à-dire à Israël, est assigné le Seigneur Yahvé. On comprend donc que les « fils de Dieu » sont des divinités. Ce récit très ancien correspond à un stade encore primitif de la religion d'Israël. Yahvé est un Dieu parmi d'autres (même s'il est déjà réputé plus puissant). Plus tard, on comprendra qu'il n'y a qu'un Dieu. Les autres « fils de Dieu » sont donc interprétés comme étant des créatures inférieures à Lui, et cependant supérieures aux hommes. La relecture de Deutéronome 32, 8 en Daniel 10, 13 fera de ces « fils de Dieu » répartis entre les peuples les « anges des nations ». Dans le livre de Daniel, le conflit entre Israël et la Perse est réinterprété à l'aune du conflit entre l'ange Michel et le Prince, ou l'ange, de la Perse.

croit ce récit, ils seraient donc présents, dès le départ, aux côtés du Créateur.

Si la Bible ne fournit pas beaucoup d'information concernant la création des anges, des textes juifs anciens apportent quelques précisions sur le sujet. Il s'agit de la « littérature intertestamentaire » – des écrits souvent liés à la Bible, qui n'ont toutefois pas été retenus dans le « canon » officiel du judaïsme. Parmi ces textes, on trouve le *Livre des Jubilés*, sans doute écrit vers le IIe siècle avant Jésus-Christ. Ce livre est toujours lu dans l'Église éthiopienne, mais vous ne le trouverez nulle part dans votre Bible. Le *Livre des Jubilés* mentionne explicitement la création des anges :

> Le premier jour [Dieu], créa les cieux, en haut, la terre et les eaux et tout esprit servant devant lui : les anges de la Face et les anges de la sanctification, ainsi que les anges du vent qui souffle, les anges-esprits des nuages, des ténèbres, de la neige, de la grêle et du gel, les anges des voix, du tonnerre et des éclairs, les anges-esprits du froid et de la

chaleur, de l'hiver, du printemps, de l'été, de l'automne, et tous les esprits de sa création, dans le ciel et sur la terre[1].

Nous voilà informés sur la généalogie de toute une série d'anges. D'autres textes, inspirés de la Bible, sont encore plus diserts sur le sujet. L'Église se montre prudente, comme toujours sur la question des anges. Elle ne statue pas sur le moment où les anges furent créés, faute d'information suffisamment claire dans la Bible. En revanche, elle souligne avec force que Dieu a créé les anges, ce qui signifie qu'il leur est supérieur.

Que Dieu crée les anges, le Credo, dans le Symbole de Nicée-Constantinople, l'affirme lorsqu'il mentionne Dieu créateur de l'« univers visible *et invisible* ». L'univers visible, c'est le monde matériel, physique : les vaches, les fleurs, les montagnes, les hommes. L'univers invisible, ce n'est pas

1. *Livre des Jubilés*, II, 2. Dans *La Bible, écrits intertestamentaires*, Paris, Gallimard, coll. « Bibliothèque de la Pléiade », 1987, p. 641-642.

tout à fait « tout ce qui est invisible à l'œil nu », tel que les virus ou les acariens (ceux-là, ils font aussi partie du monde visible, parlez-en à votre ami infectiologue ou aux spécialistes de shampoing pour moquettes). L'univers invisible, c'est plutôt le monde incorporel, immatériel, purement spirituel. Ce monde-là, qui coexiste avec l'autre, est composé d'âmes et d'anges.

L'âme n'est pas autre chose que le principe vital qui donne la vie à tout vivant. Elle permet à chaque créature vivante de croître et de se nourrir (chez les plantes), mais aussi de sentir et de penser un peu (chez les animaux) et enfin aussi de réfléchir et même de prier (chez les hommes). Quant aux anges, on l'a vu, ils désignent une catégorie d'êtres intelligents, doués d'une volonté propre, d'une liberté. Nous verrons bientôt que certains sont devenus des démons, terme qui désigne simplement un ange ayant mal tourné.

Arrêtons-nous un instant sur cette cousine de l'ange qu'est l'âme. Puisqu'elle fait partie de l'univers invisible, on n'a jamais vu d'âme toute nue, en soi, pas plus qu'on a vu d'ange. On rappelle que les anges que l'on voit sont ceux qui ont provisoirement emprunté une forme humaine, lors de leurs apparitions. Une âme a tendance à se promener avec son corps, même si on ne peut pas non plus vraiment la « localiser » dans celui-ci. Certes, mon âme est bien ce principe qui m'anime, mais j'aurais bien du mal à dire « où » elle se trouve « en » moi. Vous me direz peut-être : dans mon cœur, ou dans ma tête. Mais les Anciens ont déjà fait cette expérience toute simple – que vous pouvez reproduire à la maison, même en étant confiné (et à la limite même confiné tout seul) : qu'on vous marche sur le pied, et c'est bien le pied qui a mal. Or, l'âme est à l'origine de toutes nos sensations. Elle est ce qui nous fait vivre, aimer, sentir, croître…

Si l'on essaye maintenant de localiser l'âme, après s'être fait marcher dessus, on pourrait dire qu'elle semble être dans mon pied qui me fait souffrir… Je ne vous proposerais pas de réitérer l'expérience en vous tapant ailleurs sur le corps. Vous aurez compris. Finalement, certains Anciens, pour se libérer du problème insoluble de la « localisation » de l'âme immatérielle « dans » un corps matériel ont préféré dire que le « corps était dans l'âme ». Cette affirmation a autant de sens que de dire que l'« âme est dans le corps » mais elle présente l'avantage de nous éloigner d'une représentation trop spatiale de la question. C'est une façon d'exprimer, avec un vocabulaire forcément tributaire de nos représentations spatiales, le fait que l'âme, en soi, n'occupe aucun lieu, puisqu'elle n'a aucune dimension.

Ce petit détour par l'âme n'est pas anodin. En effet, une âme est toujours liée à un corps particulier. Bien plus, l'Église affirme que l'âme humaine est créée au moment de la conception d'une nouvelle personne. Il n'y a pas un stock d'âmes créé par avance, que Dieu enverrait dans chaque nouvel être humain, n'en déplaise à « 22 », la charmante âme récalcitrante à l'idée de tomber dans un corps dont nous parle le récent dessin animé *Soul.* Dieu crée une âme unique pour chaque nouvel homme. Mais voilà, cette aventure commune entre l'âme et son corps s'interrompt à la mort où l'âme est violemment arrachée à lui. Elle devient une âme « séparée », en attendant la résurrection où elle se réunira de nouveau avec son corps. Pendant ce temps, l'âme séparée n'est pas loin de ressembler à un ange : elle est purement immatérielle. Mais cette ressemblance n'est pas parfaite. Il manquera toujours à l'âme séparée le corps qu'elle est faite pour animer, alors qu'à l'ange, il ne manque rien.

On sait qu'il existe une âme, parce que l'homme montre, par ses actions et ses paroles, qu'il en dispose d'une (plus ou moins éclairée...). C'est l'âme de l'homme qui lui permet de réfléchir. Elle se manifeste dans les conséquences physiques de ses réflexions (j'ai un paquet de chips devant moi, j'ai faim, je vais ouvrir les chips, et tant pis pour mon régime, avec cette pandémie on s'octroie des petites dérogations). L'âme humaine guide les mouvements de l'homme, ses gestes, ses paroles, elle se manifeste donc visiblement en eux. Bien sûr, l'incroyant pourra toujours réduire l'ensemble de mes actions et de mes paroles aux conséquences purement neurologiques explicables par les impulsions électriques parcourant mon cerveau. Mais personne ne pourra démontrer que mes actions et mes paroles, tout en étant le résultat de ces processus neurologiques, ne peuvent s'expliquer que par eux.

Les anges, eux, peuvent également manifester leur présence en influençant le monde physique (l'univers visible) qui les entoure. Un ange peut retenir la pluie. Il peut nous réveiller à l'aube, un jour de grand départ, pour se substituer à un réveil défaillant. Comme l'âme, immatérielle, l'ange, tout aussi immatériel, peut donc se manifester dans le monde matériel et interagir avec lui. Comme pour l'âme, la manière dont l'ange, pur esprit, agit dans le monde des corps reste mystérieuse. Et si c'est toujours l'âme qui fait mouvoir ou parler un corps, l'action de l'ange, elle, est moins facilement vérifiable. L'ange intervient, certes, dans le cours des évènements du monde, mais son action n'est reconnaissable que par celui qui a la foi. Pour les autres, elle passe inaperçue parce qu'elle ne bouleverse apparemment pas le cours naturel des choses.

Un ange peut bien sûr emprunter des formes humaines (comme Gabriel, lorsqu'il s'invite chez Marie). Parfois, peut-être qu'il peut apparaître ailé. Mais un ange n'a pas plus d'ailes que de sexe. Il est donc discret, par nature. Il est aussi soumis. Le fait que le Credo affirme que Dieu crée l'univers invisible – et donc les anges – est important pour ce point, parce que cela montre qu'ils ne sont pas égaux à Dieu. On est moins puissant que celui qui nous crée. Autrement dit, Dieu est plus puissant que les anges. Ils lui sont inférieurs, comme nous le sommes. Au fond, l'homme est cousin de l'ange, partageant avec lui, de façon moins parfaite, la faculté de penser, mais encore la connaissance de Dieu.

Voyons maintenant ce que la Bible nous dit de l'apparition des mauvais anges.

3

D'où viennent les mauvais anges ?

On lit dans le *Catéchisme de l'Église catholique* :

> Derrière le choix désobéissant de nos premiers parents il y a une voix séductrice, opposée à Dieu qui, par envie, les fait tomber dans la mort. L'Écriture et la tradition de l'Église voient en cet être un ange déchu, appelé Satan ou diable. L'Église enseigne qu'il a été d'abord un ange bon, fait par Dieu. Le diable et les autres démons ont certes été créés par Dieu naturellement bons, mais ce sont eux qui se sont rendus mauvais[1].

D'où le *Catéchisme* tient-il cette affirmation ? La question vaut d'autant que la tradition chrétienne se méfie des spéculations angéliques comme le rappelle Origène, grand théologien chrétien du IIIe siècle :

1. *Catéchisme de l'Église catholique*, n° 391.

Du diable et de ses anges ainsi que des puissances contraires, la prédication ecclésiastique a enseigné l'existence, mais elle n'a pas exposé assez clairement leur nature et leur manière d'être[1].

Il est déjà difficile de savoir d'où viennent les anges, mais il paraît encore plus téméraire de trouver l'origine des mauvais anges, comme « le Satan » (Job 1, 6), qui met à l'épreuve Job. Trois grandes options peuvent expliquer la provenance de ces anges rebelles : soit ils sont créés mauvais, soit ils ne font qu'obéir à la volonté punitive du Créateur, soit ils sont créés capables de choisir entre le bien et le mal.

La première option, la plus simple, est propre aux théories dualistes. Il y a deux forces qui s'opposent dans le monde, les bons et les méchants. C'est assez vite

1. ORIGÈNE, *Traité des Principes*, Préface, 6, trad. H. Crouzel, M. Simonetti, Paris, Éd. du Cerf, coll. « Sources Chrétiennes », 1978, p. 85.

repérable sur terre, et on en déduit logiquement que cette situation n'est que le reflet d'un combat cosmique, ou ultimement d'une castagne originelle entre un Dieu bon et un Dieu mauvais. Le côté obscur de la Force a créé les anges mauvais, et le bon côté a créé les anges bons. Évidemment, cette explication à la *Star Wars* de notre monde céleste s'éloigne radicalement du christianisme pour lequel il n'y a qu'un Dieu qui est bon et qui crée toute chose bonne. La Genèse n'a de cesse de le répéter : Dieu voit que tout ce qu'il a créé était bon. Cela fait bien longtemps que les chrétiens ont à combattre l'idée dualiste. Au tournant du IIIe siècle, Origène met ainsi en garde contre une explication dualiste du mal :

> Il est impossible de connaître l'origine du mal si on n'a pas connu les enseignements sur le diable et ses anges, ce qu'il était avant de devenir un diable et la raison pour laquelle ses anges partagèrent son apostasie. Et il faut pour pouvoir la connaître, avoir

compris très exactement que les démons ne sont pas créatures de Dieu en tant que démons, mais en tant que créatures raisonnables, et comment ils en sont venus à être tels que leur esprit les constitue dans leur état de démon[1].

Origène souligne l'importance de l'étude des anges dans la réflexion sur l'existence du mal. Mais il faut absolument tenir qu'avant d'être des démons, ces créatures raisonnables étaient de bons anges, afin de ne pas tomber dans l'hérésie dualiste qui prétend que le démon existe dès l'origine. Au tournant du Vᵉ siècle, Augustin réfute explicitement cette thèse dans *La Genèse au sens littéral* :

> Qu'est-ce que le démon ? C'est une question qu'on approfondit d'ordinaire, parce que certains hérétiques, ne pouvant s'expliquer sa volonté perverse, l'isolent

1. ORIGÈNE, *Contre Celse*, IV, 65, trad. M. Borret, Paris, Éd. du Cerf, coll. « Sources Chrétiennes », 1968, p. 346-349.

des créations du Dieu suprême et véritable, pour le rattacher à un autre principe en opposition avec Dieu lui-même[1].

Les hérétiques dont parle saint Augustin pensent que le démon ne fait pas partie des créations de Dieu, mais qu'il est issu « d'un autre principe » que Dieu, en « opposition » avec lui. Cet autre principe serait un « anti-Dieu », un « mauvais Dieu », source de tout mal dans le monde. On se souvient que le credo, en affirmant que Dieu crée le monde invisible, s'oppose à cette conception dualiste. Tout le monde invisible, anges et démons compris, est créé par Dieu.

La seconde option considère les anges comme des messagers qui ne font rien d'autre qu'obéir aux commandements de Dieu. Le « Satan » du livre de Job serait un membre de la cour divine qui « discute » avec Dieu, mais qui n'est pas mauvais en soi, n'agissant que sur ordre du Créateur.

1. AUGUSTIN, *De la Genèse au sens littéral*, XI, XIII, 17, trad. P. Agaësse, A. Solignac, Paris, Desclée de Brouwer, coll. « Bibliothèque augustinienne », 1972, p. 257.

Dans d'autres passages bibliques « Satan » est l'instrument exterminateur de la volonté même de Dieu[1]. À vrai dire, cela ne résout pas vraiment le problème, mais le déplace. Il faudrait comprendre pourquoi Dieu est soudain si violent, se retournant contre sa créature.

La troisième option tient certes que Dieu a créé les anges bons, mais que ceux-ci agissent effectivement contre Dieu, dont ils se sont détournés librement. Quelques passages de la Bible pourraient éclairer cette théorie. En Zacharie 3, 1-2, Le Seigneur réprime Satan, parce qu'il accuse à tort Josué :

> Le Seigneur me fit voir Josué, le grand prêtre, qui se tenait devant l'ange du

1. Par exemple 1 Chroniques 21, 1 à comparer avec 2 Samuel 21, 19. Selon Christian Duquoc, L'ange exterminateur qui exécute la Parole du Seigneur « est analogue à celui qui détruisit Sodome (Genèse 19, 13), et à celui qui frappa les premiers nés des Égyptiens (Exode 12, 23) ». Voir C. Duquoc, « Le démoniaque, envers du divin », *Figures du démoniaque aujourd'hui*, Bruxelles, Presses de l'Université Saint-Louis, 1992, p. 104.

Seigneur, tandis que le Satan était debout à sa droite pour l'accuser. Le Seigneur dit au Satan : « Que le Seigneur te réprime, Satan ; que le Seigneur te réprime, lui qui a fait choix de Jérusalem. Josué n'est-il pas un tison tiré du feu ? »

En Job 4,18-19, il semblerait que Dieu se méfie de certains de ses serviteurs qu'on a pu identifier à ses anges :

À ses serviteurs mêmes, Dieu ne fait pas confiance, et il convainc ses anges d'égarement. Que dire des hôtes de ces maisons d'argile, posées elles-mêmes sur la poussière ? On les écrase comme une mite.

On retrouve la même idée en Job 15, 15 :

Dieu, même à ses saints, ne fait pas confiance et les cieux ne sont pas purs à ses yeux.

En admettant, avec une bonne partie de la tradition, que les « saints » dont il est ici question sont les anges, on apprend à nouveau que Dieu n'approuve pas le comportement de certaines de ces créatures. Les « cieux », qui sont le « lieu » habituel de leur demeure, ne sont pas purs, ils ne sont pas peuplés uniquement de créatures bienveillantes obéissant à la volonté divine. On en a déduit que ces créatures, forcément créées bonnes, s'étaient révoltées contre leur créateur.

Le christianisme va se ranger à la troisième option, notamment parce que le Nouveau Testament est bien plus prolixe sur les mauvais anges – les démons, ou esprits mauvais – que l'Ancien. Une telle profusion mérite explication. Mais la Bible, déjà muette sur la création des anges, l'est encore plus sur la cause de leur rébellion. À première vue, il n'y a pas de récit de « chute » des anges dans l'Ancien Testament, et rien de très clair sur cette question dans le Nouveau Testament.

Ancien Testament et chute des anges

Deux textes de l'Ancien Testament, au sixième chapitre du livre de la Genèse et au quatorzième chapitre du livre d'Isaïe, ont cependant été invoqués pour expliquer la « chute » des anges. Ces deux passages sont loin d'être limpides. Leur interprétation subséquente dans la tradition juive puis chrétienne est cruciale pour notre propos.

Genèse 6

Le premier texte qui pourrait faire une discrète allusion à la chute d'anges se situe dans le livre de la Genèse, non pas au chapitre premier, comme on aurait pu s'y attendre, mais juste avant que soit raconté l'épisode du déluge :

> Lorsque les hommes commencèrent d'être nombreux sur la face de la terre et que des filles leur furent nées, les fils de

Dieu trouvèrent que les filles des hommes leur convenaient et ils prirent pour femmes toutes celles qu'il leur plut. [...] Les Nephilim étaient sur la terre en ces jours-là (et aussi dans la suite) quand les fils de Dieu s'unissaient aux filles des hommes et qu'elles leur donnaient des enfants ; ce sont les héros du temps jadis, ces hommes fameux [Genèse 6, 1-14].

Ce passage est assez hermétique. On a déjà vu que la tradition ultérieure a assimilé les « fils de Dieu » aux anges. Quant aux Nephilim, littéralement « ceux qui sont tombés », ils seraient les géants résultants de l'union des filles des hommes avec ces anges. On semble d'ailleurs faire référence à ces créatures dans le livre de Judith, où cette dernière rend grâce à Dieu pour l'avoir emporté contre le méchant général Holopherne, ennemi des Juifs :

Leur héros n'est pas tombé devant des jeunes gens, ce ne sont pas des fils de titans qui l'ont frappé, ni de fiers géants qui l'ont attaqué, mais c'est Judith, fille de Merari qui l'a désarmé par la beauté de son visage [Judith 16, 6].

Judith a été plus forte que les « titans », les « fils de géants ». Une simple femme est plus puissante que ces créatures mythiques dont le livre de la Genèse fait mention.

Comme souvent, la Bible reste finalement assez allusive sur la question. D'autres textes, d'inspiration biblique, offrent plus de détails. Ils font partie de la littérature « intertestamentaire », ainsi appelée parce qu'elle comprend des textes rédigés entre le dernier livre prophétique de l'Ancien Testament – Malachie, vers le Vᵉ siècle avant Jésus-Christ – et le Nouveau Testament. Parmi ces livres, on trouve le *Premier Livre d'Enoch*. Il offre le commentaire le plus intéressant de Genèse 6. On y raconte que des anges ont été attirés par les filles des hommes et sont descendus du ciel depuis le Mont Hermon. Ils couchèrent avec elles. De leur union, naquirent les géants. Les anges déchus et les géants furent responsables de la corruption du monde qui précéda le déluge. Ils enseignèrent aux hommes à fabriquer des armes, des parures chatoyantes et à s'adonner à la sorcellerie. Dieu provoqua ensuite le déluge pour débarrasser le monde de cette corruption, mais depuis lors, les esprits des géants morts hantent la terre sous la forme de démons. Ils continueront d'y causer le mal jusqu'au jugement dernier.

Cette explication est retenue dans les premiers siècles de l'Église par Justin, Athénagore, Irénée et Tertullien[1]. Augustin la réprouve au motif que le *Livre d'Enoch* n'est pas un texte canonique[2]. Cependant,

---

1. JUSTIN, *Grande Apologie*, 5, trad. J. D. Dubois, Paris, Migne, 1994, p. 24 ; ATHÉNAGORE, *Supplique au sujet des chrétiens*, XXIV, 5, trad. B. Pouderon, Paris, Éd. du Cerf, coll. « Sources Chrétiennes », 1992, p. 164-165 ; IRÉNÉE, *Contre les hérésies* IV, 36, 4, trad. A. Rousseau, Paris, Éd. du Cerf, coll. « Sources Chrétiennes », 1965, p. 893 ; TERTULLIEN, *La toilette des femmes* I, 2, 1-4, trad. M. Turcan, Paris, Éd. du Cerf, coll. « Sources Chrétiennes », 1971, p. 46-54 ; *Le voile des vierges*, VII, 4, trad. P. Matei, Paris, Éd. du Cerf, coll. « Sources Chrétiennes », 1997, p. 152.

2. AUGUSTIN, *Cité de Dieu*, XV, XXIII, trad. G. Combès, Paris, Desclée de Brouwer, coll. « Bibliothèque Augustinienne », 1960, p. 140-153.

le Nouveau Testament en donne peut-être un écho dans deux passages, assez difficiles. Dans la Lettre de Jude on lit :

> Quant aux anges qui n'ont pas conservé leur primauté mais ont quitté leur propre demeure, c'est pour le jugement du grand jour qu'il les a gardés dans des liens éternels au fond des ténèbres [Jude 6].

Plusieurs anges ont fauté en ne gardant pas leur place originelle. La primauté dont ils jouissaient auprès de Dieu dans les Cieux, ils en sont déchus. Ils sont maintenant captifs en attendant d'être définitivement condamnés. La deuxième Lettre de Pierre affirme de même :

> Dieu n'a pas épargné les anges qui avaient péché, mais les a mis dans le Tartare et livrés aux abîmes de ténèbres, où ils sont réservés pour le jugement [2 Pierre 2, 4].

La Lettre de Pierre affirme donc clairement que certains anges ont péché. Là encore, ils ont été punis par Dieu à cause de leur faute.

Isaïe 14 et Ézéchiel 28

Les livres d'Isaïe et d'Ézéchiel sont aussi invoqués par la tradition pour justifier la chute des anges. On y trouve la mention du nom « Lucifer ». En Isaïe, la série des oracles contre les nations comprend un poème satirique sur la mort d'un roi impie qui rêvait d'être l'égal de Dieu. Rien ne permet de préciser l'époque de sa rédaction ni l'identité exacte du personnage incriminé :

> Comment a fini le tyran, a fini son arrogance ? Yahvé a brisé le bâton des méchants, le sceptre des souverains, lui qui rouait de coups les peuples, avec emportement et sans relâche, qui maîtrisait avec colère les nations, les pourchassant sans répit [...]. Comment es-tu tombé du ciel, étoile du matin, fils de l'aurore ? As-tu été jeté en terre, vainqueur des nations ? Toi qui avais dit dans ton

cœur : « J'escaladerai les cieux, au-dessus des étoiles de Dieu j'élèverai mon trône, je siégerai sur la montagne de l'Assemblée, aux confins du Septentrion. Je monterai au sommet des nuages, je m'égalerai au Très-Haut » [Isaïe 14, 4-15].

La version latine de la Vulgate traduit « étoile du matin » par « Lucifer », porteur de lumière, d'où le nom parfois associé à l'ange déchu dans la tradition. Le passage d'Isaïe est souvent rapproché de la prophétie contre le roi de Tyr dans Ézéchiel :

Fils d'homme, prononce une complainte contre le roi de Tyr. Tu lui diras : Ainsi parle le Seigneur Yahvé : Tu étais un modèle de perfection, plein de sagesse, merveilleux de beauté, tu étais en Éden au jardin de Dieu [...]. Toi, j'avais fait de toi le chérubin étincelant, le protecteur tu étais sur la sainte montagne de Dieu, tu marchais au milieu des charbons ardents. Ta conduite fut exemplaire depuis le jour de ta création jusqu'à ce que fût trouvée en toi l'injustice. Par l'activité de ton commerce, tu t'es rempli

> de violence et de péchés. Je t'ai précipité de la montagne de Dieu et je t'ai fait périr, chérubin protecteur du milieu des charbons. Ton cœur s'est enorgueilli à cause de ta beauté. Tu as corrompu ta sagesse à cause de ton éclat. Je t'ai jeté à terre, je t'ai offert en spectacle aux rois [Ézéchiel 28, 12-19].

Le roi de Tyr est comparé à un chérubin, c'est-à-dire un ange. Celui-ci était naguère libre d'aller dans l'Éden, le jardin de Dieu. Il était intègre, parfait, depuis sa création. Mais son péché soudain l'a rendu perfide. Dieu le condamne donc et le « jette à terre ». La comparaison entre le roi et l'ange, l'évocation du paradis (dont on se souvient qu'il est justement gardé par des chérubins), la faute et la chute « par terre » qui en résulte font évidemment penser aux textes que nous avons vu sur la chute de l'ange. Certes, le prophète Ézéchiel parle ici d'un roi terrestre, celui de Tyr. Mais le récit semble faire allusion à une autre déroute, céleste, celle d'un chérubin déchu. Il n'est donc pas étonnant que l'on ait interprété ce texte comme une allusion à la punition infligée par Dieu aux anges ayant péché. Ils sont renvoyés du paradis, comme Adam et Ève. Ils sont jetés à terre. Tertullien et Origène appliquent le texte d'Ézéchiel au diable[1]. Une parole de l'évangile de Luc fait d'ailleurs peut-être écho à cet héritage vétéro-testamentaire lorsque Jésus affirme : « Je voyais Satan tomber comme l'éclair » (10, 18).

Malgré ces quelques textes quelque peu allusifs, il est difficile de trouver une mention claire de la rébellion ou de la chute des anges dans l'Ancien Testament. En outre, une difficulté se pose. S'il y a bien une chute d'ange, elle n'est jamais explicitement située « avant » le péché de l'homme, en Genèse 3. Au mieux, elle se situe juste après, avec

1. ORIGÈNE, *Traité des Principes* I, 5, 4, trad. H. Crouzel, M. Simonetti, Paris, Éd. du Cerf, coll. « Sources Chrétiennes », 1978, p. 185 ; *Homélie sur Ézéchiel*, XIII, trad. M. Borret, Paris, Éd. du Cerf, coll. « Sources Chrétiennes », 1989, p. 401-431 ; TERTULLIEN, *Contre Marcion*, II, X, 3, trad. R. Braun, Paris, Éd. du Cerf, coll. « Sources Chrétiennes », 1991, p. 73.

l'affaire des géants, en Genèse 6. Cette chronologie n'est pas vraiment compatible avec ce qu'affirme le *Catéchisme* qui fait précéder la chute de l'homme par celle de l'ange. Elle n'est pas logique, si l'on considère que le serpent qui tente Adam et Ève est un ange qui a déjà chuté.

UNE CHUTE DE L'ANGE QUI PRÉCÈDE CELLE DE L'HOMME

Saint Irénée de Lyon, au IIe siècle, est l'un des premiers auteurs chrétiens à avoir combiné Genèse 3 et 6 en inversant leur ordre chronologique. Pour lui, la chute dont il est question en Genèse 6 est arrivée avant même que l'homme soit tenté au paradis. Satan est le chef des anges qui ont apostasié après lui[1]. Une chaîne d'aposta-

1. Voir IRÉNÉE, *Contre les Hérésies*, IV, 40, 1, trad. A. Rousseau, Paris, Éd. du Cerf, coll. « Sources Chrétiennes », 1965, p. 975 : « Pour l'initiateur de l'apostasie, c'est-à-dire le diable, et pour les anges qui apostasièrent avec lui [Dieu] a préparé un feu éternel. »

sie débute ainsi avec Satan, passe par les anges et s'achève avec l'homme. On lit, chez saint Irénée, dans la *Démonstration de la prédication apostolique*, à propos de la défense de manger du fruit de l'arbre de la connaissance du bien et du mal (Genèse 2, 16-17) :

> Ce commandement, l'homme ne l'observa pas, mais il désobéit à Dieu, ayant été égaré par l'ange qui, à cause de la jalousie et de l'envie qu'il éprouvait à l'égard de l'homme pour les nombreux dons que Dieu lui avait accordés, tout ensemble provoqua sa propre ruine et fit de l'homme un pécheur, en le persuadant de désobéir au commandement de Dieu. L'ange, étant devenu par un mensonge chef et guide du péché, et lui-même fut chassé pour s'être heurté à Dieu et il fit que l'homme fut précipité en dehors du jardin. Et parce que, par sa conduite, il se révolta et s'éloigna de Dieu, il fut appelé en hébreux Satan, c'est-à-dire révolté, mais en même temps il est appelé encore le délateur [l'accusateur]. Aussi Dieu maudit le serpent qui avait porté le délateur ; ce fut une

malédiction qui atteignit l'animal lui-même et l'ange qui s'était caché en lui, Satan[1].

Irénée, comme bien d'autres avec lui, assimile donc le serpent de la Genèse avec Satan. La Bible n'est pas si précise, mais tout le laisse penser. D'ailleurs, le livre de l'Apocalypse (12, 9) affirme que l'« antique serpent » que l'on appelle aussi « le diable et le Satan » a été précipité sur la terre.

Augustin va dans le même sens, en plaçant le péché de l'ange très haut dans l'histoire de l'univers, sans toutefois se risquer à justifier son propos par le livre de la Genèse ou d'Isaïe. Il prend plutôt comme argument l'évangile de Jean où Jésus affirme que le diable est « homicide dès le commencement » (8, 44). Augustin refuse la vue manichéenne d'un démon créé mauvais dès le départ. Il affirme que l'ange choisit le mal très tôt dans son existence et donc avant que l'homme ne chute lui-même :

---

1. IRÉNÉE, *Démonstration de la Prédication apostolique*, 16, trad. L. M. Froidevaux, Paris, Éd. du Cerf, Coll. « Sources Chrétiennes », 1959, p. 55-56.

L'Écriture ne dit pas à quelle époque Satan tomba victime de son orgueil et corrompit par sa mauvaise volonté les magnifiques dons de sa nature. Cependant il est trop clair qu'il a d'abord cédé à son orgueil et qu'ensuite il a conçu sa jalousie pour l'homme : car, aux yeux de quiconque examine ces deux passions, la jalousie ne produit pas l'orgueil, mais elle en vient. Ce n'est pas non plus sans raison qu'on peut croire qu'il tomba victime de son orgueil à l'origine même du temps et qu'il ne vécut jamais avec les saints anges dans la paix et le bonheur. Son renoncement au Créateur suivit de près sa création ; et quand le Seigneur dit qu'il a été homicide dès « le commencement et qu'il n'est point resté fidèle à la vérité » [Jean 8, 44] on peut faire remonter jusqu'au commencement et son caractère homicide et son infidélité[1].

Les Pères de l'Église, ces théologiens chrétiens des premiers siècles, ont donc

1. AUGUSTIN, *De la Genèse au sens littéral*, XI, XVI, 21, trad. P. Agaësse, A. Solignac, Paris, Desclée de Brouwer, coll. « Bibliothèque augustinienne », 1972, p. 255.

pris quelque liberté avec la circonspection de l'Écriture pour ancrer progressivement dans la tradition l'idée d'un péché des anges qui entraîna celui des hommes. Augustin évoque ici l'orgueil et la jalousie de l'ange, mais peu d'auteurs se sont aventurés à conjecturer pourquoi les anges ont chuté.

Pourquoi l'ange a-t-il péché ?

La question paraît difficile : pourquoi une créature divine comme l'ange, dotée d'une intelligence extraordinaire, d'une connaissance de Dieu lumineuse, en viendrait à s'éloigner de celui qui l'a créée ? La question du péché de l'ange a été beaucoup travaillée en théologie et en philosophie, parce qu'elle pose la question de la liberté :

> Ce qui rend le cas du péché de l'ange si important pour le philosophe c'est qu'avec l'ange nous sommes en présence de la liberté

à l'état pur, et de la faute à l'état pur, sans les ombres et les mélanges qui les obscurcissent plus ou moins chez nous[1].

Pourquoi une créature aussi parfaite que l'ange choisit, en connaissance de cause, de pécher ? Elle n'a pas l'excuse que l'on peut souvent se donner : « Je pensais choisir le bien, mais j'ai fait le mal, parce que je ne savais pas vraiment ce que je faisais. » Cette excuse, je vous le concède, est usée jusqu'à la corde. Il faut admettre qu'on fait parfois le mal pour obtenir un bien – une satisfaction – dont on sait qu'elle est provisoire et qu'elle ne flatte que notre propre intérêt. Ce n'est pas le bien, c'est mon bien : manger cette part de gâteau dans le frigo, pourtant réservée au frère qui rentre tard ce soir par exemple. Du coup, ce n'est pas un bien du tout. Mais l'ange, lui, pourquoi chute-t-il ?

---

1. J. MARITAIN, *Le péché de l'ange* (1956), repris dans C. JOURNET, J. MARITAIN, PHILIPPE DE LA TRINITÉ, *Le péché de l'ange. Peccabilité, nature et surnature*, Paris, Beauchesne, 1961, p. 44-45.

On a, bien sûr, pensé à la luxure, d'autant que l'obscur passage de la Genèse (6) que nous avons déjà vu pourrait le laisser penser. Les anges voudraient avoir commerce avec les femmes humaines. Mais cette explication, un peu trop vulgaire, ne tient pas vraiment la route, si l'on admet que les anges n'ont pas de corps. Plus subtil, Origène explore la piste de la « satiété[1] ». Certains anges auraient fait une *overdose* de Dieu. Ils auraient fini par se lasser de sa bonté. D'autres auteurs ont imaginé que l'ange mauvais avait été victime de jalousie. On lit en effet dans le livre de la Sagesse (2, 24) : « N'est-ce pas par l'envie du diable que la mort est entrée dans le monde ? » C'est ce que comprend saint Irénée qui commente :

> Le diable se prit à envier l'homme et devint, par là même, apostat à l'égard de

1. Voir M. Harl, « Recherches sur l'origénisme d'Origène : la "satiété" (kóros) de la contemplation comme motif de la chute des âmes », dans F.-L. Cross (dir.), *Studia Patristica* 8, Berlin, 1966, p. 373-405.

la loi de Dieu : car l'envie est étrangère à Dieu. Et comme son apostasie a été mise au jour par le moyen de l'homme et que l'homme avait été la pierre de touche de ses dispositions intimes, il se dressa de plus en plus violemment contre l'homme, envieux qu'il était de la vie de celui-ci[1].

Pourquoi envier l'homme ? Peut-être que l'ange lui envie sa condition de créature incarnée, charnelle. Un ange ne mange pas, ne sent pas et il se pourrait que cela lui manque. On peut en douter toutefois, puisque sa capacité de connaissance excède de beaucoup celle de l'homme et que l'ange trouve sa jouissance dans cette connaissance. En ce sens, il n'a pas besoin de corps pour être heureux.

Pour Grégoire de Nysse, évêque et théologien du IVe siècle, l'ange ne supporte pas que l'homme, créature qui lui est inférieure et qui est placée sous sa juridiction,

1. IRÉNÉE, *Contre les Hérésies*, V, 24,4, trad. A. Rousseau, Paris, Éd. du Cerf, coll. « Sources Chrétiennes », 1969, p. 306-307

dispose de qualités proprement divines (comme celle de se déterminer soi-même). En fait, l'ange ne supporte pas que l'homme soit fait « à l'image et à la ressemblance de Dieu », privilège qui semble lui faire défaut :

> La création intelligible [les anges] existait antérieurement à l'autre [le monde matériel] et chacune des puissances angéliques se vit assigner, par l'autorité qui dirige toutes choses [Dieu] une part d'activité en vue de l'organisation de l'univers. L'une des puissances [l'un des anges] avait été chargée de maintenir et de gouverner la sphère terrestre et s'était vue attribuer, par la puissance qui ordonne l'univers [Dieu], les pouvoirs requis pour cette fonction. Ensuite fut modelée à partir de la terre la créature qui est à l'image de la puissance suprême, et cet être était l'homme. Il portait en lui la beauté, de caractère divin, de la nature intelligible, mêlée à une force ineffable. Mais celui à qui échut le gouvernement de la terre [l'ange] tint pour étrange et intolérable que, provenant de la nature soumise à sa domination,

> un être fait à la ressemblance de la dignité suréminente fît son apparition[1].

Grégoire pense que Dieu donne à chaque ange une responsabilité particulière dans le gouvernement de l'univers. L'ange à qui a été attribué le gouvernement de la terre est particulièrement jaloux de voir les qualités que Dieu a attribuées à l'homme, qui lui était pourtant inférieur.

Cette jalousie que l'ange éprouve pour l'homme s'éclaire encore avec quelques passages du Nouveau Testament, qui semblent indiquer que l'ange, malgré sa grande science, n'avait pas connaissance du mystère central de la foi chrétienne – l'Incarnation. Dans la Lettre aux Éphésiens, on lit en effet que la venue du Fils de Dieu parmi les hommes, révélée par l'Église aux hommes, au moyen de l'Évangile, avait été cachée aux anges. Ils n'ont pas eu la primeur de cette révélation. Ce mystère,

1. / GRÉGOIRE DE NYSSE, *Discours catéchétique*, VI, trad. R. Winling, Paris, Éd. du Cerf, coll. « Sources Chrétiennes », 2000, p. 175.

« a été tenu caché depuis des siècles en Dieu, le Créateur de toutes choses, pour que les Principautés et les Puissances célestes aient maintenant connaissance, par le moyen de l'Église, de la sagesse infinie [...] déployée par Dieu en ce dessein éternel » (3, 9-11). Les Principautés et les Puissances sont des types d'ange, et ce n'est que « maintenant », avec la proclamation de l'Évangile, qu'ils connaissent le mystère de l'Incarnation.

La Première Lettre de Pierre affirme même que ce mystère, jusque-là tenu caché, attise la « convoitise » des anges. Aux prophètes des temps jadis, « fut révélé que ce n'était pour eux-mêmes, mais pour vous [les auditeurs de Pierre] qu'ils administraient ce message, que maintenant vous annoncent ceux qui vous prêchent l'Évangile, dans l'Esprit Saint envoyé du ciel, et sur lequel les anges se penchent avec convoitise » (1, 12).

Voici une interprétation possible de ce texte : Le message que les prophètes de l'Ancien Testament annonçaient sans pouvoir encore le comprendre ne les concernait pas eux-mêmes, mais les prédicateurs de l'Évangile. C'est à ces hommes, témoins de la résurrection, que s'adressaient les prophéties du passé. Ce sont donc ces témoins qui ont pu, les premiers, comprendre le mystère de la mort et de la résurrection du Christ. Les anges durent ainsi se laisser enseigner par des hommes pour comprendre ce mystère. Par eux-mêmes, ils ne pouvaient pas percer le sens de l'Incarnation, l'Évangile leur demeurait étranger. En suivant cette interprétation, on peut comprendre que les anges furent jaloux de devoir apprendre de simples mortels le sens du mystère le plus sacré et le plus important de tout l'univers : Dieu s'est fait homme en Jésus-Christ.

Paul semble encore y faire allusion lorsqu'il affirme qu'aucun des « princes de ce monde » – c'est-à-dire des anges déchus – n'a connu la « sagesse de Dieu mystérieuse demeurée cachée dès avant les siècles » (1 Corinthiens 2, 7). En effet, si un de ces anges avait compris cette sagesse, s'il avait compris le message du Christ, ou encore s'il avait saisi que le Christ était Dieu, alors « ils n'auraient pas crucifié le Seigneur de la Gloire » (1 Corinthiens 2, 8). Autrement dit, les anges n'auraient pas poussé les hommes à crucifier le Christ. L'Évangile précise en effet que « Satan entre dans Judas » (Luc 22, 3 ; Jean 13, 27) lors de la trahison à la Cène. Tout ceci, à nouveau, suppose que l'ange, en soi, ignorait, ce qu'il y a de plus sacré et de plus important dans le monde : l'Incarnation de Dieu en Jésus. Pour comprendre comment cette ignorance des choses à venir a pu conduire à la jalousie de l'ange, et finalement à sa chute dès le début de l'histoire du monde, il faut supposer que l'ange, par avance, savait qu'il serait révélé à l'homme quelque chose auquel il n'aurait pas accès. Cette intuition originelle entraîna suspicion et jalousie.

Une autre théorie suppose, au contraire, que l'ange savait à l'avance ce qui allait arriver avec l'Incarnation. L'ange savait que Dieu allait se servir de la créature humaine pour accomplir son plan de Salut. Le Fils devait s'incarner en un homme. Mais cela, l'ange ne l'accepta pas : comment confier à une créature inférieure à lui la mission sublime de sauver l'univers ? Voilà qui vexa certaines créatures célestes, qui n'attendirent pas le moment de l'Incarnation pour manifester leur mécontentement. Jaloux du rôle à venir que l'homme devait avoir dans la création, ils décidèrent de tout faire pour empêcher le plan divin. D'où la guerre que Satan mène à Jésus, et à tous les hommes. C'est l'ennemi à abattre, parce que, pour l'ange, l'homme, en Jésus, a usurpé sa place de créature la plus parfaite de tout l'univers. L'ange revendique toujours cette place, puisqu'il se fait appeler « le prince de ce monde », comme un pied de nez à la position de l'homme, véritable régent de l'univers d'après Genèse 1, 28-29.

Cependant, la piste la plus crédible pour comprendre pourquoi l'ange a péché est encore l'orgueil, comme l'écrivait Augustin dans son *Commentaire sur la Genèse*. Le Nouveau Testament semble y faire une discrète allusion. Alors qu'il enjoint les évêques à ne pas trop prendre la grosse tête sous leur mitre, Paul affirme (1 Timothée 3, 6) : « Que le [futur épiscope] ne soit pas un converti de fraîche date, de peur que, l'orgueil lui tournant la tête, il ne vienne à encourir la même condamnation que le diable. » L'orgueil est, comme le dit saint Augustin au début de la Cité de Dieu, « l'amour de soi jusqu'au mépris de Dieu ». L'ange orgueilleux ne compte plus sur Dieu, mais que sur lui-même pour atteindre le bonheur, la plénitude de vie qui lui est promise, comme à toute créature. L'ange cesse de regarder Dieu, pour se regarder lui-même, comme le dit Ézéchiel : « Ta beauté t'a fait perdre ta sagesse » (38, 17). Ce repli sur soi de l'ange lui fait perdre son équilibre et chuter.

Maintenant que nous avons vu ce que la Bible et la tradition nous disent de la genèse et de la chute des anges, nous pouvons arriver au cœur de notre sujet : quelles sont les conséquences de ce péché angélique ? En quoi la transformation d'un bon ange en Satan a-t-elle influencé l'univers entier ? Quel est le lien entre l'ange déchu et le Covid ?

4

La faute au mauvais ange

Ou les conséquences cosmiques de la chute angélique

La Bible est très claire : les anges déchus ont un rapport avec le mal que nous constatons sur la terre. Tant l'Ancien que le Nouveau Testament illustrent les conséquences dévastatrices de la rébellion des mauvais anges pour l'ensemble du cosmos.

Mais avant de parler du rôle des anges dans ce mal, il faut revenir un instant sur le constat, rapidement brossé dans l'introduction : Il y a du mal gratuit, des « tuiles » qui nous tombent sur la tête sans que nous ne l'ayons mérité. L'expérience nous le montre presque chaque jour. Il y a des maux qui arrivent comme conséquence d'une action mauvaise (de soi, d'un autre, de plusieurs autres, de moi et de plusieurs autres). Mais il semblerait que parfois, le mal qui survient ne dépend pas d'une action mauvaise.

C'est le cas des tremblements de terre, des épidémies, voire de catastrophes d'une plus grande ampleur (chute de météorite…). Bien plus, nous savons que le monde n'est pas éternel, et que la terre finira par disparaître, voire l'univers entier.

Cependant, la prise de conscience de l'existence d'un mal « gratuit » s'est développée en théologie autour de la question de la souffrance dans le monde animal. Il y a de la violence chez les animaux – êtres dénués d'une raison et d'une volonté pleine et entière. L'entre-dévoration animale, la domination et la survie des espèces les plus fortes sur les plus faibles dans la sélection naturelle… tout cela paraît causer une souffrance injustifiée dans le règne animal. Les animaux seraient donc victimes d'un mal dont ils ne peuvent être coupables. Bien sûr, cette conception même est controversée. Ainsi Augustin la rejette :

> Quant aux défauts des animaux, des arbres et autres êtres changeants et mortels dépourvus d'intelligence, de sensibilité ou

> de toute vie et dont la nature corruptible se désagrège, il serait ridicule de les juger condamnables. Ces créatures ont reçu du bon plaisir du créateur une mesure de perfection telle que, se remplaçant en disparaissant, elles réalisent pleinement l'infime beauté des temps assortie en son genre aux parties de ce bas monde. [...] Quand donc, aux lieux appropriés à de tels êtres, les uns naissent de la mort des autres, les plus faibles succombent sous les plus forts, les vaincus sont transformés aux qualités des vainqueurs, tel est l'ordre des choses qui passent[1].

Classiquement, Augustin ne pense pas que le monde animal, végétal ou minéral soit imparfait. Le fait que les animaux et les végétaux meurent, que la mort des uns est nécessaire à la vie des autres, que les faibles sont victimes des forts, tout cela est normal, et même bon et voulu par Dieu. En ce sens, il n'y a pas de « mal » autre

1. AUGUSTIN, *La Cité de Dieu*, XII, 4, trad. G. Combès, Paris, Desclée de Brouwer, coll. « Bibliothèque augustinienne », 1959, p. 161.

que le mal humain. Ce qui nous apparaît comme étant mauvais, dans le monde infrahumain, n'est que l'effet de notre manque de perspective :

> Si la beauté de cet ordre manque d'attrait pour nous, c'est que, insérés dans le monde comme parties en raison de notre condition mortelle, nous ne pouvons percevoir l'ensemble auquel les détails qui nous offensent s'ajustent pourtant avec toute la convenance et l'harmonie voulues. Aussi nous est-il prescrit à très juste raison, sur les points où nous sommes moins aptes à observer cette beauté d'avoir foi en la providence du Créateur, pour nous éviter l'audace de blâmer en quoi que ce soit, avec la vaine témérité de l'homme, l'œuvre d'un si grand artisan.

Sous-jacente à l'opinion d'Augustin est l'image de la mosaïque. De près, on peut s'étonner de la prépondérance ou même de l'existence de pièces noires. Avec un certain recul, on s'aperçoit que ces pièces noires étaient nécessaires à la constitution d'un tableau globalement harmonieux. Il y a une nécessité des cycles des saisons, de la vie et de la mort des êtres vivants – hommes exceptés. La position d'Augustin, si influent dans la théologie occidentale, explique sans doute largement pourquoi, après lui, la question du mal naturel a été longtemps écartée des réflexions théologiques. Beaucoup aujourd'hui pensent encore de la sorte. Dans le monde infrahumain, les jugements moraux ne valent pas. Il n'y a pas de bien et de mal, pas de perfection et d'imperfection. Le monde tel qu'il est n'est ni bon, ni mauvais. Il est, tout simplement, le seul monde qui soit et qui puisse être.

Ce point de vue pose quelques problèmes. Tout d'abord, il est difficile de dire que telle réalité qui est un mal pour l'homme ne l'est pas pour les autres animaux. Aujourd'hui en particulier, l'idée qu'il puisse exister une véritable souffrance animale nous éloigne de la pensée cartésienne qui considère l'animal comme une machine, incapable de vraie sensibilité. Avec le concept de souffrance, on introduit donc l'idée que le monde animal tel qu'il est constitué paraît imparfait. Et l'on peut se demander pourquoi Dieu a créé une création telle que les animaux se dévorent, souffrent et meurent. Bien plus, si l'on suit la pensée d'Augustin, il paraît difficile de ne pas appliquer la théorie de la mosaïque à l'humanité elle-même. Dans le monde, il est nécessaire que certains hommes souffrent pour que d'autres vivent mieux. La souffrance des uns, le mal dont certains sont victimes, permet le bien des autres. Mais cela n'est pas recevable aujourd'hui, alors qu'il nous apparaît clairement que la souffrance d'un seul juste est intolérable et injustifiable. Dieu n'a pas pu créer un monde tel que l'innocent meure sans faute de sa part, et sans que sa mort, ou sa souffrance, ne soit le résultat de facteurs qui ne dépendent pas de la liberté humaine (une fois encore, on ne parle ici ni de guerre, ni d'injustices sociales ou économiques, mais plutôt d'épidémies, de catastrophes naturelles...). Voilà pourquoi la question de la cause de l'imperfection apparente du monde, et sa manifestation dans la souffrance injustifiée des hommes et des animaux, revient aujourd'hui sur le devant de la scène. Pourquoi donc y a-t-il un mal naturel ?

Une chute en entraîne une autre

Commençons par le début. Le récit de la Genèse décrit la tentation d'Ève et d'Adam par le serpent. Or, dans l'hypothèse où le serpent serait une personnification du diable, la faute du premier couple aurait donc pour cause antécédente la chute de l'ange. Certes, cela n'enlève rien à leur responsabilité. D'ailleurs, affirmer que le démon continue d'influencer, d'une manière ou d'une autre les hommes en les tentant de faire le mal, ne les dédouane jamais de toute responsabilité. Sinon, il suffirait d'accuser l'ange tentateur pour chaque mal présent dans l'univers, pour s'en excuser. Origène s'élève déjà expressément contre cet argument, en affirmant que le fait d'être tenté par un esprit malin ne lave pas l'homme de sa responsabilité. Pour lui, l'homme reste libre, même lorsqu'il est tenté. Origène mentionne deux textes de la toute première tradition chrétienne, Le *Pasteur* d'Hermas et *La lettre de Barnabé*. On y parle de deux anges, l'un bon et l'autre mauvais, qui accompagnent chaque homme, lui suggérant de bonnes ou de mauvaises pensées. Il commente :

> Mais il ne faut pas penser que ce qu'ils suggèrent à nos cœurs, qu'il s'agisse de bonnes ou de mauvaises pensées, produise autre chose qu'un mouvement ou un stimulant qui nous pousse au bien ou au mal. Nous avons la possibilité, lorsqu'une puissance s'est mise à nous provoquer au mal, de rejeter loin de nous ces suggestions mauvaises[1]...

---

1. ORIGÈNE, *Traité des Principes*, III, 2,4, trad. H. Crouzel, M. Simonetti, Paris, Éd. du Cerf, coll. « Sources

Aussi, il faut tenir que nos premiers parents auraient très bien pu résister à la tentation du serpent. Mais la cause première du mal les précède. Ni Adam ni Ève ne sont à l'origine première du mal.

On relèvera ensuite qu'après la faute d'Adam, Dieu maudit le sol (Genèse 3, 17). Désormais, la terre produira des ronces, plutôt que des fruits. D'après le récit des origines, la terre, ou plus exactement le monde végétal, est donc la première victime collatérale du péché de l'homme. Il faut noter que c'est bien la faute de l'homme qui entraîne la malédiction de la terre, et non pas la chute de l'ange. Ce thème de la responsabilité humaine dans la malédiction et l'assombrissement du monde affleure dans la culture populaire. Il est notamment repris à propos des conséquences du péché de Caïn. Selon une légende roumaine, rapportée par le poète Lucian Blaga, la terre était d'abord limpide comme l'eau, de sorte que l'on

Chrétiennes » 1980, p. 159.

pouvait voir à travers elle[1]. La terre n'a bénéficié de cette transparence que jusqu'à ce que Caïn tue son frère Abel (Genèse 4, 8). Après le meurtre, Caïn a enterré le corps d'Abel. Le cadavre se voyait cependant dans la terre. Dieu a alors assombri la terre, pour que l'on ne puisse plus voir la trace d'un crime si odieux. La terre est devenue opaque. Puisque l'homme est lui-même tiré de la terre, c'est finalement toute l'espèce humaine qui perdit sa transparence originelle, avec le premier meurtre de l'histoire de l'humanité. Avec l'homme, c'est le monde entier qui est devenu obscur, hostile.

Un peu plus tard dans le récit de la Genèse, la création animale subit en effet les conséquences de la faute de l'homme. Après le déluge, Dieu donne à l'homme et aux bêtes la possibilité de manger de la viande (Genèse 9, 1-3), alors que jusque-là, hommes et bêtes ne pouvaient manger que

1. L. BLAGA, *Trilogia culturii, Perspectiva sofianică*, EPLU, Bucarest, 1969, p. 178-179.

des végétaux (Genèse 1, 29-30). Dans les premiers temps, l'ours était vegan ! Dieu inaugure ainsi l'ère de l'entre-dévoration animale, avec la violence et la souffrance qu'elle implique[1]. Ceci est capital : la Bible décrit un premier état du monde où la souffrance et le mal naturel sont absolument absents. Ce thème est si important qu'on le retrouve chez le prophète Isaïe qui envisage le retour à cet état primitif, ou non-violent, du monde naturel pour les temps messianiques, à la fin des temps (Isaïe 11, 6-10).

Certes, tout biologiste sérieux vous dira que jamais nous n'avons retrouvé de squelette d'ours vegan. Mais on peut comprendre les textes de la Genèse et d'Isaïe comme étant des illustrations du plan divin original. S'il n'y avait pas eu de faute – de l'ange et de l'homme – il y aurait eu une création entièrement

1. Voir M. LLOYD, « Are animals fallen ? », dans *Animals on the Agenda, Questions about Animals in Theology and Ethics*, A. LINZEY, D. YAMAMOTO (éd.), Londres, SCM Press, 1998.

pacifique. Ce qui ne s'est jamais réalisé concrètement dans l'histoire du monde reste en réserve pour la fin des temps. Aussi, dans les temps derniers, l'ours sera vegan, comme il aurait toujours dû ou pu l'être. Si l'on suit Genèse 9, c'est le péché de l'homme qui induit le déclenchement du déluge et qui est responsable du changement alimentaire proposé par Dieu. S'emparant de ce thème, certains théologiens ont compris que le mauvais exemple donné par l'homme aux animaux, dont il est censé prendre soin, est la cause réelle derrière la propagation du mal et de la violence dans le monde animal. Théophile d'Antioche, au IIe siècle, commente à ce sujet :

> Le nom de *theria* donné aux animaux vient de *thereuesthai* [être pourchassé]. Ce n'est pas qu'ils soient nés mauvais dès le principe ou venimeux (car rien de mauvais ne provient de Dieu) : ils étaient tous « beaux » et même « très beaux » ; c'est la faute commise dans la sphère des hommes

qui les a rendus mauvais. Quand l'homme eut transgressé, eux aussi transgressèrent. Quand le maître de la maison se conduit personnellement bien, les serviteurs ne peuvent faire autrement que de vivre dans une exacte régularité – mais si le maître faillit, les esclaves faillissent avec lui ; c'est ce qui est arrivé dans la sphère de l'homme, qui était le maître : il a failli et ses esclaves ont failli avec lui. Et quand de nouveau l'homme sera revenu dans les voies convenant à sa nature et ne commettra plus le mal, eux aussi seront rétablis dans leur primitive douceur[1].

La Lettre aux Romains affirme, comme pour récapituler cette soumission du végétal et de l'animal au mal : « La création a été soumise au pouvoir du néant, non pas de son plein gré, mais à cause de celui qui l'a livrée à ce pouvoir » (Romains 8, 20). Qui donc a soumis la création à ce pouvoir ? Selon les deux textes de la

1. THÉOPHILE D'ANTIOCHE, *Trois livres à Autolycus*, II, 17, trad. G. Bardy, Paris, Éd. du Cerf, coll. « Sources Chrétiennes », 1948, p. 99-100.

Genèse que l'on vient d'évoquer, il pourrait s'agir de l'homme. En mangeant du fruit défendu, il entraîne la malédiction du monde végétal. Plus tard, le péché de l'homme entraîne le déluge et, à sa sortie, le début de l'ère carnivore. Cependant, il ne faut pas oublier que le péché de l'ange précéda celui de l'homme. Cette affirmation de la Lettre aux Romains renvoie d'ailleurs peut-être à un passage du livre de la Sagesse : « C'est par la jalousie du diable que la mort est entrée dans le monde » (2, 24). La mort est l'ultime conséquence du péché. L'ange mauvais serait donc, dans l'esprit de Paul, rédacteur de la Lettre aux Romains, le responsable de la soumission de la création au néant, c'est-à-dire de l'asservissement d'une partie du cosmos au pouvoir des ténèbres. Avant même l'homme, c'est l'ange déchu qui a initié la première chute dont toutes les autres ne sont que la conséquence.

Cosmic fight

Mais la présence du mal naturel trouve une autre explication dans la Bible. Le monde est marqué par de malheureux dysfonctionnements qui sont la conséquence du combat auquel se livrent Dieu et les anges déchus. En effet, Dieu, ou ses anges fidèles, semble en avoir décousu avec des créatures mythiques et inquiétantes dans les débuts du monde. On lit au psaume 74, 12-14 :

> Pourtant, Dieu, mon roi dès l'origine, l'auteur des délivrances au milieu du pays, toi qui fendis la mer par ta puissance, qui brisas les têtes des monstres sur les eaux. Toi qui fracassas la tête de Léviathan pour en faire la pâture des bêtes sauvage...

Le psaume 89, 9-11 reprend le thème :

> Yahvé, Dieu Sabaot, qui est comme toi ? Yahvé puissant que ta vérité entoure ! C'est toi qui maîtrises l'orgueil de la mer, quand les flots se soulèvent, c'est toi qui les apaises ; c'est toi qui fendis Rahab comme

un cadavre, dispersas tes adversaires par ton bras puissant.

On ne nous a jamais vraiment présenté Rahab et Léviathan. Sans vouloir donner un sens précis à ces extraits de psaume assez mystérieux, avec leurs vilaines créatures, on peut tout de même retenir que Dieu est mis en scène en train de combattre des êtres hostiles qui semblent dérégler, ou s'opposer, à l'ordre cosmique instauré par le Créateur. On sait que l'eau, dans la Bible, symbolise autant la vie que la mort, surtout lorsqu'elle se déchaîne en dehors des limites bien précises dans lesquelles Dieu voulait la circonscrire. Il paraît donc que les « débordements » du mal que l'on observe parfois dans le cosmos sont les résultats d'une bataille incessante entre Dieu et les forces adversaires déchaînées.

Le psaume 82 présente Dieu qui « juge » entouré de « dieux » plus tard appelés « fils de dieux ». Après les avoir exhortés à rendre justice au faible et au malheureux, Dieu finit par perdre patience avec ces créatures qui « vont au milieu des ténèbres » et qui en « ébranlent les fondements de la terre ». Ainsi Dieu leur déclare : « Je l'ai dit : Vous êtes des dieux, des fils du Très-Haut, vous tous ! Pourtant, vous mourrez comme des hommes, comme les princes, tous, vous tomberez ! » Et le psalmiste conclut : « Lève-toi, Dieu, juge la terre, car toutes les nations t'appartiennent. » Une nouvelle fois, Dieu semble s'opposer à des créatures rebelles dont l'endurcissement dans le mal entraîne un ébranlement cosmique. Aussi, châtiées par Dieu pour leur entêtement à faire le mal, ces créatures finiront par « tomber ».

On pourrait, bien sûr, passer allégrement au-dessus de ces quelques versets obscurs et mythiques. Ce serait dommage, puisque le thème du combat cosmique semble tout de même récurrent. À tous ceux qui auraient tendance à rejeter les textes de l'Ancien Testament, sous prétexte qu'ils sont vieillots, outre le fait que leur position est proprement hérétique[1], on signalera que le thème du combat cosmique se retrouve dans le Nouveau Testament. Il figure en bonne place dans le livre de l'Apocalypse, où le Dragon, le serpent des origines et d'autres puissances angéliques rebelles, sont finalement vaincus par l'archange Michel et ses amis (Apocalypse 12, 7-9) :

> Alors, il y eut une bataille dans le ciel : Michel et ses anges combattirent le dragon. Et le dragon riposta avec ses anges, mais ils eurent le dessous et furent chassés du ciel. On le jeta donc, l'énorme dragon, l'antique serpent, le diable ou le Satan, comme on l'appelle, le séducteur du monde entier. On le jeta sur la terre, et ses anges furent jetés avec lui.

Nous nous retrouvons encore en pleine bataille cosmique entre le « séducteur du monde entier » et Michel. On pourrait se

1. Voir L'hérésie de Marcion.

dire que cela concerne l'avenir, mais il faut se rappeler que l'Apocalypse ne parle pas tant de ce qui devra arriver, que de ce qui est en train de se produire. Elle dévoile à ses lecteurs l'invisible combat céleste qui finira par un triomphe du bien. Sans évoquer directement les conséquences cosmiques de ce combat, le texte met en scène une lutte magistrale, dont on peut imaginer qu'elle fait trembler le monde terrestre tout autant que céleste. Autrement dit, le conflit entre bons et mauvais anges est à la fois un reflet mais aussi une cause de l'affrontement du bien et du mal sur la terre.

Pour ceux qui ne seraient pas encore convaincus – et qui verseraient une nouvelle fois dans l'hérésie en expurgeant la Bible de l'Ancien Testament et de l'Apocalypse – nous avançons un argument décisif : Jésus. En effet, le Christ parle volontiers des anges bons et mauvais. Il évoque Satan et le diable et ne manque pas de faire le lien entre ces créatures rebelles et le mal qu'il combat sans relâche sur terre : maladies du corps et de l'âme, possessions démoniaques, séductions et inclinaison à faire le mal sont liées à la présence de l'Adversaire.

Jésus affirme que le diable est « le prince de ce monde » (Jean 12, 31 ; 14, 30 ; 16, 11). Paul le nommera même le « Dieu de ce monde » (2 Corinthiens 4, 4). Dans ses miracles, en particulier lorsqu'il guérit, Jésus lie presque toujours le mal physique – la maladie – à l'influence des démons. En Luc 13, 11, par exemple, il mentionne une femme « possédée par un esprit » qui la rendait infirme, dont il expulse les démons[1]. Les exorcismes de Jésus n'ont pas seulement des conséquences morales (comme lorsqu'il pardonne les péchés), mais aussi des effets sur le plan physique. On peut donc en déduire que

1. Citons encore : un démon qui rend muet en Matthieu 9, 32-33 ; un démon qui aveugle et rend muet, en Matthieu 12, 22-23 ; l'expulsion d'un démon qui guérit immédiatement un enfant, en Matthieu 17, 18.

l'action des esprits mauvais entraîne des conséquences physiques[1].

On en a un autre indice au début de l'évangile selon saint Marc : « Dans le désert [Jésus], resta quarante jours, tenté par Satan. Il vivait parmi les bêtes sauvages, et les anges le servaient » (1, 13). Jésus triomphe de la tentation. Les anges le servent (les bons et sans doute aussi les mauvais puisque tous lui sont soumis) ainsi que les « bêtes sauvages ». Le terme exact employé dans l'Évangile signifie « bête féroce ». Avec Jésus, elles deviennent pacifiques. Autrement dit, Jésus remet de l'ordre dans une création bouleversée : il dompte les bêtes féroces et les mauvais anges. Il fait advenir les temps derniers perçus par Isaïe (11, 6-10) : les ours deviennent pacifiques, les méchants lions dociles. Tous lui sont soumis. Plus tard dans sa vie, Jésus calmera les éléments déchaînés de

1. Voir T. TORRANCE, *Divine and Contingent Order*, Oxford, Oxford University Press, 1981, p. 120.

la tempête (Marc 4, 35-41) en commandant à la mer avec le même verbe qu'il emploie pour commander aux esprits qui rendent un homme épileptique et un autre sourd et muet[1]. L'action de Jésus sur le mal dépasse donc la sphère du péché des hommes et s'attaque aussi aux dérèglements physiques. Or, comme on l'a vu, Jésus n'a de cesse de lier ce chaos qui affecte les corps et le monde à l'influence d'esprits maléfiques. En combattant, ou plutôt en dominant les mauvais anges, Jésus restaure la portion d'univers dont ils avaient la charge. Il poursuit et gagne de manière décisive le combat que Dieu ne cesse de mener contre les forces rebelles. Il incarne, littéralement, cette incessante bataille cosmique et signale

1. Le verbe employé en Marc 4, 39, Matthieu 8, 26 et Luc 8, 24 est toujours ἐπιτιμάω. Ce même verbe se trouve en Matthieu 17, 18 et Luc 9, 55, où Jésus menace le démon de l'enfant épileptique ; en Marc 1, 25, où Jésus chasse le démon de l'homme possédé par l'esprit impur ; en Marc 9, 25 et Luc 4, 35, où Jésus chasse l'esprit muet et sourd ; et en Luc 4, 39 où Jésus chasse la fièvre de la belle-mère de Simon.

surtout que Dieu vient y mettre un terme heureux.

Le rôle cosmique des anges

On a vu que des anges mauvais avaient pu être la cause originelle de dérèglements ultérieurs du cosmos. On a vu aussi que ces anges rebelles poursuivaient leur combat contre Dieu jusqu'à maintenant. Mais comment les anges pourraient-ils influencer l'état dans lequel se trouve le cosmos ? Pourquoi l'ange déchu a-t-il le pouvoir de soumettre tout ou partie de la création au néant ?

Que les anges aient un rôle dans le gouvernement du monde, la tradition l'admet presque unanimement, sans toujours pouvoir le fonder bibliquement. Origène soutient cette vue en se référant à l'« Ange des eaux » dont il est question dans le Livre de l'Apocalypse (16, 5). Il commente : « Comprends que pour l'administration de l'univers, il y a un ange préposé à la terre, un autre préposé aux eaux, un autre encore à l'air, un quatrième au feu[1]. » De fait, un autre passage de l'Apocalypse (7, 1) affirme que quatre anges retiennent les quatre vents de la terre. La Bible associe donc ange et phénomène cosmique. Épiphane, au IIIe siècle, leur attribue le gouvernement immédiat des nuées, de la neige, de la grêle, de la glace, du chaud, du froid, des éclairs, du tonnerre, des saisons. Jean Chrysostome veut qu'ils administrent l'univers, les nations, les créatures inanimées, le soleil, la lune, la mer, la terre[2]. Augustin n'est pas en reste lorsqu'il affirme que « toute chose visible en ce monde est sous la garde de quelque puissance angélique[3] ».

1. ORIGÈNE, *Homélies sur Jérémie*, X, 6, trad. P. Nautin, Paris, Éd. du Cerf, coll. « Sources Chrétiennes », 1976, p. 409.

2. Sur les fonctions des Anges, voir A. VACANT, E. MANGENOT (éd.), *Dictionnaire de théologie catholique*, t. I, col. 1214-1215.

3. AUGUSTIN, *Quatre-vingt-trois questions*, q. 79, trad. G. Bardy, Paris, Desclée de Brouwer, col. « Bibliothèque augustinienne », 1952, p. 345.

Plus récemment, le grand théologien anglais John Henry Newman, au XIXe siècle, donne sa vision, à la fois poétique et métaphysique du rôle des anges dans le monde matériel. Dans son *Apologia pro vita sua*, il écrit à propos des anges :

> Je les regardais, non seulement comme les ministres employés par le Créateur dans ses rapports avec les hommes en vertu des dispensations juive et chrétienne, comme l'indique clairement la Sainte Écriture, mais [encore] comme effectuant l'ordre du monde visible. Je les considérais comme étant les causes réelles du mouvement, de la lumière, de la vie et de ces principes fondamentaux de l'univers physique qui, lorsque leurs applications tombent sous nos sens, nous suggèrent la notion de cause et d'effet, et celle, aussi, de ce qu'on appelle les lois de la Nature[1]...

Les anges seraient donc la raison, la loi, qui préside à chaque mouvement observable

1. J.-H. Newman, *Apologia pro vita sua*, Londres, Dent & Sons, 1934, p. 50-51.

dans le monde physique. Ils sont, pour ainsi dire, l'esprit de nos théorèmes, la personnification de nos principes. La garantie de l'éternité des causes qui expliquent et décrivent le mouvement des astres et les rapports entre les êtres. Voilà qui réenchante nos austères cours de physique et de mathématiques. L'ange est une équation ailée, une formule mystique. Newman poursuit :

> Dans mon sermon pour la Saint-Michel, écrit avant 1834, je dis des anges : « Chaque souffle d'air, chaque rayon de lumière et de chaleur, chaque phénomène de beauté est, pour ainsi dire, la frange de leur vêtement, l'ondulation de la robe de ceux qui voient Dieu face à face. » Et je demande quelles seraient les pensées d'un homme qui, « examinant une fleur, un brin d'herbe, un caillou, voire un rayon de lumière, qu'il traite comme ressortissant à un niveau d'existence bien inférieur au sien, découvrait tout à coup qu'il se trouve en présence d'un être puissant, caché sous les choses visibles qu'il examine, et qui, tout en dissimulant son activité pleine de sagesse, leur confère leur beauté, leur

grâce et leur perfection, parce qu'il est l'instrument de Dieu à cet effet » ? Supposons même que cet homme s'aperçoive que ces phénomènes, si passionnément analysés par lui, sont la robe et les parures de cet être ?

Les anges seraient donc les doubles spirituels de chaque élément, animé ou non, qui compose notre monde. Il y a un ange derrière chaque caillou, chaque fleur chaque vache et chaque homme. Newman, certes, ne précise pas quel est le rôle de ce double mystique. Est-ce que l'ange influence la fleur dont il est le gardien ? Est-ce qu'il inspire à la vache de brouter cette même fleur plutôt que telle autre, et à l'homme de traire en premier telle vache plutôt que telle autre ? Il n'y a pas vraiment de réponse. On doit avouer notre ignorance sur la manière dont l'ange interagit avec le monde qu'il régit. Il ne faut pas s'en étonner outre-mesure. On a déjà du mal à cerner comment fonctionne l'interaction entre notre corps et notre esprit, ou encore entre Dieu et le monde. L'influence de l'ange sur le monde n'est qu'un cas particulier de ce rapport toujours problématique entre le monde immatériel (âme, Dieu, anges) et matériel (caillou, herbe, lapin, vous et moi).

Mais affirmer que les anges ont un rôle dans le gouvernement du monde ne veut pas dire que Dieu, qui les a créés, ne leur est pas infiniment supérieur. L'Écriture affirme que le Christ est « au-dessus de toute principauté, puissance, vertu, seigneurie » (Éphésiens 1, 21) ; la Lettre aux Hébreux fait même de cette primauté l'un de ses thèmes principaux (voir par exemple Hébreux 1, 4). Sur ce point, Athénagore, théologien du IIIe siècle, apporte une précision qui fera date :

> Dieu avait constitué ces anges pour qu'ils exercent la providence sur ce qu'il avait lui-même mis en ordre, afin que lui exerce sur toute chose la providence universelle et générale, et les anges préposés à la création, la providence particulière[1].

1. ATHÉNAGORE, *Supplique au sujet des chrétiens*, XXIV, 3, trad. B. Pouderon, Paris, Éd. du Cerf, coll. « Sources Chrétiennes », 1992, p. 163.

Thomas d'Aquin, au XIIIe siècle, ne dira pas le contraire ; il précise le lien entre ange et cosmos dans le premier tome de la *Somme de Théologie* :

> Les créatures, corporelles ou spirituelles, constituent un seul univers. Il y a donc un ordre entre elles, et les spirituelles président à toute la création corporelle. Il convenait donc que les anges fussent créés [...] pour présider à tout l'ensemble de ce monde[1].

Pour Thomas, en effet, la matière, en elle-même est incapable de se mouvoir[2]. Il faut donc qu'une cause (les anges) mette en mouvement le monde matériel inanimé, comme l'âme met en mouvement les êtres

1. THOMAS D'AQUIN, *Somme de théologie*, Ia, q. 61, a. 4, resp. et Ia, q. 110, a. 1, resp. : « C'est pourquoi, de même que les anges inférieurs, dont la forme est moins universelle, sont régis par les anges supérieurs, ainsi tous les êtres corporels sont régis par les anges. Ce n'est pas là seulement une affirmation des Pères : c'est la pensée de tous les philosophes qui admettent des substances incorporelles. »

2. *Ibid.*, Ia, q. 110, a. 1, sol. 1 : « Le propre de l'être corporel est de n'agir que s'il est mu. »

animés. Mais cette cause seconde et particulière que sont les anges ne peut jamais agir sans le concours de la cause première et universelle (Dieu).

Objections

On ne manquera pas d'opposer à cette cosmologie sa provenance païenne. On retrouve ici des traces de philosophie grecque, plus particulièrement de la philosophie héritière de Platon. Pour ce dernier, le monde sublunaire est le reflet, plus ou moins dégradé, à la manière d'une ombre, du monde plus parfait des idées. Tout, ici-bas, n'est qu'image, reflet. Une telle pensée risque, bien sûr, de dévaloriser le monde matériel. On est loin de la religion de l'Incarnation, du christianisme qui valorise au contraire la chair, les corps et la matière. Dieu s'est fait homme en Jésus-Christ, démontrant ainsi combien le monde physique est digne de lui. À la résurrection, l'homme ressuscitera avec son corps, montrant par-là que le monde physique n'est pas condamné à disparaître, mais qu'il est promis à une transformation, une transfiguration glorieuse. Faut-il pour autant rayer d'un trait tout ce que la tradition chrétienne nous propose sur les anges, sous prétexte que leur ministère ressemble à s'y méprendre à ce que Platon croyait des idées ? D'ailleurs, la comparaison a bien des limites, puisque les idées de Platon ne sont ni vivantes en soi, ni douées de volonté, comme le sont les anges dans la tradition chrétienne.

Une autre comparaison, qui risque de discréditer les anges, est celle que l'on peut faire avec le « médio-platonisme » de Plotin, et des philosophes des premiers siècles de notre ère se réclamant du lointain héritage de Platon. Plotin et ses amis se représentent volontiers l'univers de façon hiérarchique. Au sommet de la pyramide, un premier principe, appelé « l'Un » domine tous les autres, en dessous vient « l'Intellect » puis enfin « l'Âme » et enfin, tout en bas, « le monde ». Plus cette compréhension de l'univers s'est développée, plus on a rajouté d'intermédiaires entre « l'Un » et « le monde », chacun ayant son rang, sa fonction, dans l'organisation fortement hiérarchisée du cosmos. On n'a pas de mal à imaginer que ces multiples intermédiaires entre l'Un et le monde sont autant d'anges, de puissances célestes, énigmatiques et invisibles. Tout un panthéon de créatures célestes qui participent au gouvernement du monde. Les tenants de cette antique philosophie affirment par exemple qu'il existe des divinités pour chacun des éléments ; il y en a dans la terre, dans le feu, dans les airs et dans l'eau.

En revenant aux anges dans la tradition chrétienne, on pourrait même dire que conférer à l'ange une part « déléguée » du gouvernement divin peut conduire à l'idolâtrie ou au panthéisme, âprement condamnés par la Bible (Sagesse 13, 1-9 ;

Romains 1, 18-23). N'y a-t-il pas un risque à vénérer les anges plutôt que Dieu, et de prendre finalement pour Dieu les réalités matérielles, cosmiques, dont ils ont la charge : soleil, vent, lune ? Mais que dire alors du Cantique de Daniel (Daniel 3, 52-90) dans lequel on bénit le Soleil et la Lune justement ? N'est-ce pas précisément en se rappelant qu'il y a un ange, une créature spirituelle, vivante, connaissant et aimant Dieu qui a la garde, pour l'un du vent, pour l'autre du soleil, de l'eau ou des arbres, que l'on évite de faire de chacun de ces phénomènes un Dieu ?

Il est certes absolument exact d'affirmer que Dieu lui-même est maître de ces forces qui régissent le monde. Jésus n'a-t-il pas marché sur les eaux, n'a-t-il pas calmé de sa voix la tempête, pour manifester ainsi qu'il les domine ? Jésus est le Verbe, il est Dieu qui est à l'origine de tout et qui soutient toute chose dans l'existence, par la puissance de sa Parole. S'il retirait son souffle créateur, toute chose s'évanouirait instantanément dans le néant (Psaume 104, 30). C'est lui, Dieu, qui a créé les mers, la terre et les abîmes comme le dit le Psaume (146, 6), il a aussi créé les anges, comme nous l'avons vu. Ces deniers sont des créatures, ils n'ont donc pas « aidé » Dieu à créer le monde, puisqu'ils ont eux-mêmes été créés. Ils ne sont pas antérieurs à la fondation du monde. Ils ne partagent pas avec Dieu l'éternité. Mais, depuis que le monde est créé, rien n'interdit de penser qu'ils gouvernent chacun une partie du monde. Les anges bons – ceux qui ne sont pas tombés – le font au nom de Dieu. Ils ne peuvent aller contre sa volonté en participant à son gouvernement divin. Leur médiation, leur concours à la bonne marche de l'univers ne vient pas diminuer la majesté divine, mais bien plutôt la magnifier. Dieu fait preuve de magnanimité en partageant son gouvernement à ses créatures. D'ailleurs, en confiant à ses anges une part du gouvernement des éléments, Dieu ne fait que refléter ce qu'il fait avec les hommes.

À Adam, Dieu confie la création matérielle (Genèse 1, 28). Aussi, l'homme partage avec l'ange cette responsabilité. L'ange et l'homme sont partenaires dans la bonne gestion de l'univers. On entend ainsi différemment la requête de la prière du Seigneur, le Notre Père (Matthieu 6, 10) : « Que ta volonté soit faite sur la terre » – parmi les hommes qui ont charge de gouverner le monde selon cette volonté – « comme au ciel » – parmi les anges qui en ont également la charge. Bien sûr, certains hommes et certains anges n'ont pas persévéré dans cette volonté. Mais ce qui semble irréparable pour l'ange déchu, ne l'est pas pour l'homme qui, lui, peut toujours se convertir. En effet, l'ange, à cause de sa nature purement intellectuelle, a devant lui, sous son regard, dès le commencement, tout ce qu'il peut connaître. Dès sa création, il voit et comprend toute chose : le monde dans lequel il est créé, et Dieu pour lequel il est créé. En connaissance de cause, l'ange choisit de demeurer ou non dans l'amour de Dieu, se conformant ou non à sa vocation. L'homme, au contraire, prend du temps pour appréhender, toujours imparfaitement, les réalités qui l'entourent et sa vocation ultime. En fonction de cette connaissance progressive du monde et de sa finalité divine, il peut émettre des jugements successifs et parfois contradictoires, choisissant d'abord le mal, puis le bien (ou inversement). À ce sujet Augustin affirme :

> Quel chrétien catholique ignore qu'aucun nouveau démon ne sortira désormais du nombre des bons anges, de même qu'en la société des bons anges nul démon ne retournera jamais[1].

Cependant, il n'est pas très étonnant que dans un monde moderne fasciné par l'illusion de l'immédiateté et par la centralisation du pouvoir, le fait que Dieu puisse gouverner le monde par l'intermédiaire des anges – et des hommes – puisse être

1. AUGUSTIN, *Cité Dieu* XI, XIII, BA 35, p. 74-75.

difficile à se représenter. En un mot, le monde moderne serait tenté par l'esprit des Saducéens, tels qu'ils sont décrits dans les Actes des Apôtres (23, 8) : « les Saducéens disent en effet qu'il n'y a ni résurrection, ni ange, ni esprit. » Lorsque la société terrestre était largement organisée en corps sociaux, et que l'on gouvernait par leur truchement, on pouvait penser plus spontanément qu'il n'en allait pas autrement pour le gouvernement céleste. Au temps des corporations, des guildes et des conseils, on était habitué à ce que des décisions locales soient prises localement.

Aujourd'hui, en revanche, on attend tout de celui qui est à la tête de l'État, et l'on s'imagine volontiers qu'il vaut mieux s'adresser directement à Dieu plutôt qu'à ses saints (ou ses anges). Chaque intermédiaire est considéré comme un obstacle, une perte de temps ou un coût inutile plutôt que comme une instance de concertation, de délibération et de résolution locale des problèmes. Au fond, le gouvernement angélique est le modèle du principe de *subsidiarité* toujours prôné par l'Église. Il s'agit là d'un pouvoir fondé sur la confiance mutuelle, où préside une charité partagée par tous ceux qui y concourent, chacun à leur rang. Un psaume (82, 1-2) n'affirme-t-il pas que « Dieu se tient dans l'assemblée des dieux » et qu'il « juge au milieu des dieux » ? On y a vu l'évocation de la cour angélique, paraissant devant Dieu. C'est aussi ce que fait Satan, lorsqu'il vient se présenter « avec les fils de Dieu » devant Dieu au début de l'histoire de Job (1, 6). Dieu tient conseil avec ses anges. Certes, Dieu n'a pas besoin de conseil, puisqu'il sait tout. Mais il peut instruire ses créatures angéliques, et accéder à leur requête. Jésus fait lui-même mention des anges qui veillent sur « les petits », les humbles de la terre et qui sans cesse « regardent la face de son Père » (Matthieu 18, 10).

La chute de l'ange entraîne la chute de son royaume

La tradition affirme donc que les anges participent au gouvernement du monde. Si certaines de ces créatures ont failli et ont délibérément choisi de désobéir à leur Créateur, on peut en déduire que leur manière de gouverner la portion de l'univers qui leur était attribuée s'en est trouvée affectée. La désobéissance des anges a conduit à leur mauvaise administration du cosmos. Plusieurs Pères ont développé cette thèse. Pour Athénagore, l'ange déchu est préposé au gouvernement de la matière du monde, il en explique les dérèglements[1]. Origène affirme clairement que les démons sont à l'origine des calamités physiques dans le monde :

> Pour dire librement ma pensée, s'il y a en tout cela quelque opération qui doive être

1. Voir Athénagore, *Supplique aux chrétiens*, XXIV trad. B. Pouderon, Paris, Éd. du Cerf, coll. « Sources Chrétiennes », 1992, p. 163.

attribuée aux démons, les effets n'en sont autres que la famine, la stérilité des vignes et des arbres, la sécheresse, la corruption même de l'air, tantôt pour faire périr les fruits, tantôt pour envoyer la mortalité sur les animaux, ou la peste parmi les hommes [Proverbes 17, 11]. C'est à des exécutions de cette nature, que les démons sont employés comme des bourreaux : la justice de Dieu leur donnant en de certaines rencontres le pouvoir d'agir de la sorte [Matthieu 8, 32] ; soit pour la correction des hommes qui se sont abandonnés aux vices sans aucune retenue, soit pour l'épreuve de ce que chacun est dans l'intérieur [Job 1, 12, et 2, 6][1].

Ces spéculations concernant l'action démoniaque sur la matière vont progressivement s'éteindre en Occident, sans toutefois jamais être formellement démenties par l'Église.

Par ailleurs, les chrétiens n'ont jamais cessé de prier Dieu pour que cessent les

1. ORIGÈNE, *Contre Celse*, VIII, 31, trad. M. Borret, Paris, Éd du Cerf, coll. « Sources Chrétiennes », 1969, p. 243.

maladies, les séismes et autres catastrophes naturelles. Selon l'adage *Lex Orandi Lex Credendi*[1], on peut voir dans ces prières une intuition théologique très sûre : Dieu, en accédant à ces requêtes, arrête le mal. Ce faisant, il ne peut aller contre les dispositions de sa propre providence. On peut donc avancer que Dieu met un terme à un désordre apparu dans l'univers dont il n'est pas la cause, et qu'il convient de rectifier, pour le rendre cohérent au dessein divin. Dieu arrache les éléments désordonnés à la domination des anges déchus.

Cependant, comme le rappelle Augustin dans le *De Trinitate* III, 8, 13, les anges, notamment déchus, n'agissent que selon ce que Dieu leur permet d'accomplir :

> Il ne faut pas croire pour autant que les anges prévaricateurs font ce qu'ils veulent de la matière des choses visibles. C'est Dieu,

1. Cet adage signifie que ce que l'on prie est ce que l'on croit. La dévotion des hommes est une indication du contenu de la foi.

bien plutôt, qui leur octroie cette puissance [...] comme il le juge bon[1].

Saint Thomas reprend l'argument dans la *Somme de théologie*[2] : Dieu est la seule cause première qui agit dans l'univers. Toutes les autres causes, y compris l'action des anges, sont des causes secondes. C'est la puissance reçue de Dieu qui agit dans les anges – bons et mauvais – comme c'est la puissance divine qui agit dans les hommes – bons et mauvais. Cela ne leur ôte pas leur liberté, qui est totale. L'action de l'homme ou de l'ange bon ou mauvais est réellement le fait de sa propre volonté ; cependant, il n'en est pas l'origine ultime. Une cause plus originaire a toujours précédé

1. AUGUSTIN, *De Trinitate* III, 8, 13, trad. M. Mellet, T. Camelot, Paris, Desclée de Brouwer, colle. « Bibliothèque augustinienne », 1955, p. 297.

2. THOMAS D'AQUIN, dans la *Somme de théologie*, Ia, q. 110, 1. a. 4, précise qu'à tout moment Dieu peut intervenir dans le monde en bouleversant son ordre naturel par quelque miracle. Par ailleurs, concernant le plan du gouvernement divin, Dieu gouverne immédiatement toute chose (*Somme de théologie*, Ia, q. 103, a. 6) même si ce gouvernement est le plus souvent délégué à d'autres (les anges).

cette action. Ultimement, cette cause est Dieu. En ce sens, Dieu « permet » le mal, sans l'accomplir de manière directe.

Théologiens contemporains et conséquences cosmiques

On constate aujourd'hui un certain regain d'intérêt pour le lien entre la chute des anges et le mal présent dans l'univers. Parmi les théologiens ayant exploré la possibilité d'une conséquence cosmique de la chute des anges, on doit citer C. S. Lewis. Considérant le scandale que représente la souffrance animale et prenant acte des théories de Darwin sur le développement des espèces qui interdit de penser que la faute originelle de l'homme puisse être chronologiquement antérieure à l'apparition d'animaux carnivores sur terre Lewis écrit :

> Il me semble raisonnable de supposer que certaine puissance supérieure créée exerçait

une action mauvaise sur l'univers matériel, ou le système solaire ou tout au moins la planète Terre, bien avant que l'homme entrât en scène ; et qu'au moment de la chute quelqu'un, véritablement, tenta l'homme. Cette hypothèse ne se présente pas comme une « explication du mal » en général ; elle ne fait qu'étendre l'application de ce principe que le mal vient de l'abus d'une volonté libre. S'il existe une telle puissance [...] elle peut très bien avoir corrompu la création animale avant l'apparition de l'homme[1].

Or, C. S. Lewis limite le champ de la souffrance animale à celle des bêtes douées de « sentience », c'est-à-dire capable de sentir et donc d'expérimenter du plaisir ou de la souffrance. Dans une autre œuvre, il considère de façon plus générale la source du mal :

La dépravation de la nature demande une explication différente. Selon les chrétiens,

1. C. S. Lewis, *Le problème de la souffrance*, Paris, Desclée, 1967, p. 163.

elle est due au péché : le péché tant des hommes que d'êtres puissants non-humains, surnaturels mais créés. Le caractère impopulaire de cette doctrine provient du naturalisme très répandu de notre époque. Cette impopularité disparaîtra lorsque cette erreur aura été corrigée. Des êtres d'une « nature » différente et supérieure à la nôtre, et pourtant partiellement mêlée à la nôtre, sont tombés, comme les hommes et ont déréglé certaines choses à l'intérieur des frontières de ce monde. Nous nous trouvons dans un monde de plaisirs qui nous transportent, de beautés ravissantes, de possibilités alléchantes, mais toutes constamment soumises à la destruction, toutes aboutissant à rien. La nature a tout l'air d'une bonne chose qui a été avariée[1].

Aujourd'hui, si l'on suit les éthologues, spécialistes du comportement animal, on élargit de plus en plus le champ de la souffrance du monde infrahumain. Tous

1. C. S. LEWIS, *Miracles*, 1947, dans *The Complete C. S. Lewis Signature Classics*, San Francisco, Harper San Francisco, 2002, p. 277.

les animaux et, pour certains scientifiques, même des végétaux, seraient capables de « ressentir » la souffrance et donc de pâtir du mal. La question de la souffrance de la création n'en est que plus aiguë. Parmi les théologiens contemporains qui ont fait allusion aux conséquences cosmiques de la chute des anges, citons encore Alvin Plantinga[1], et Thomas Torrance[2]. H. Urs von Balthasar, écrit au sujet de la souffrance dans le monde animal :

> La question insoluble de savoir si l'excès de souffrance constaté [...] dans le monde infrahumain n'aurait pas malgré tout un certain rapport avec les « principautés et puissances » dont parle saint Paul, avec le « dieu de ce monde » ou les « princes et potentats de ce monde » ; leur déchéance originelle loin de Dieu ne serait-elle pas responsable de la déchirure qui traverse le monde entier, du plus bas jusqu'au sommet,

1. A. Plantinga, *The Nature of Necessity*, Oxford, Oxford University Press, 1974, p. 192.
2. T. Torrance, *Divine and Contingent Order*, Oxford, Oxford University Press, 1981, p. 120.

> dans l'histoire tragique de l'humanité ? L'obstination avec laquelle on maintient ce thème dans l'Écriture et précisément dans la vie de Jésus, devrait éveiller l'attention [...]. Si l'on admet l'existence des Principautés et Puissances, on remarque bien que, selon le vocabulaire précis de saint Paul, elles ne sont pas annihilées par la victoire du Christ ; elles sont privées de leur puissance et « rendues inertes » [1 Corinthiens 15, 24] quant à leur efficacité [...] mais du coup, paradoxe mentionné en Apocalypse 12, 12 : elles sont dans une grande fureur sachant le peu de temps qu'il leur reste[1].

Ces développements sont toutefois assez marginaux quand on les compare à l'ensemble de l'œuvre de ces auteurs. Ils invitent à travailler ce sujet, au demeurant très traditionnel, comme on l'a vu, dans une perspective plus contemporaine. Sur ce point, on remarque qu'une certaine théologie issue de la Réforme est bien plus audacieuse, sans

1. H. Urs von Balthasar, *Dramatique divine II*, Paris, Desclée de Brouwer, 1968, p. 175-176.

doute parce qu'elle est attachée à une lecture plus littéraliste de l'Écriture qui prend très au sérieux la figure de l'ange dans la Bible, sans la réduire à une simple figure de style[1].

L'idée que l'ange déchu a entraîné dans sa chute une part des réalités qu'il gouverne est séduisante. Si l'on tient, comme Newman, que les anges sont les « lois » du cosmos, alors on peut penser que les mauvais anges ont déréglé une partie des lois gouvernant le monde, ce qui expliquerait la présence de mal à l'intérieur d'un univers « bon » voulu par Dieu aux origines. La mécanique finement huilée du monde à ses commencements s'est grippée, parce que certains de ses rouages dysfonctionnent. Ou, plus simplement, certains anges mauvais, en lutte contre les bons anges, gagnent parfois des batailles provisoires et prennent contrôle, ou dérèglent pour un temps telle ou telle réalité terrestre.

---

1. *Voir* G. ORTLUND, « On the Fall of Angels and the Fallenness of Nature : An Evangelical Hypothesis Regarding Natural Evil », *Evangelical Quarterly* 87.2 (2015).

Mais on n'insistera jamais assez : notre propos se concentre ici sur l'influence des anges déchus sur le cosmos « infrahumain », du caillou à la vache en passant par les vents, les astres et les fleurs. Si l'ange mauvais influence aussi l'homme, ce dernier a toute la capacité pour choisir, ou non, de se laisser entraîner par la tentation. Il demeure libre, même si cette liberté s'exerce à des degrés divers et demande toujours à être fortifiée. Bien plus, l'homme, par lui-même, est tout à fait capable de choisir de faire le mal, sans être influencé par le démon, de même qu'il est capable de faire le bien par lui-même, sans intervention d'aucun ange. Celui-ci n'est qu'un des facteurs qui peut influencer une décision humaine. Mais on peut croire que dans la majorité des cas, il n'intervient pas.

5

Pour qui vote mon ange ?

Ou
pourquoi tout ange est politique

Hier midi, je l'ai encore entendu. Ce bruit sourd et déchirant. Un bruit que j'ai appris à redouter à chaque confinement. Un écho qui résonne maintenant régulièrement dans notre église désertée et fermée. Lorsqu'aux heures de l'office, alors que nous, les frères, sommes réunis à l'intérieur, pour célébrer la liturgie sans fidèle, on entend frapper de l'extérieur à la porte de l'église. Quelqu'un essaie de la pousser dans un grincement lourd et vain.

En ces moments-là, j'imagine assez bien, de l'autre côté de la porte, une âme qui cherche refuge dans notre église, en ces temps de désert spirituel et d'angoisse pandémique. Mais on le lui refuse, bien malgré nous. Je contemple aussi, en ces instants, la foi de celui ou de celle qui frappe à la porte, tentant tout de même sa chance. Un peu comme les femmes au matin de Pâques qui vont malgré tout au tombeau. Elles savent que la pierre est scellée, que les portes sont closes, et pourtant quelque chose les pousse, irrésistible. J'imagine notre fidèle dépité devant la porte de l'église et se dire : « Tant pis, je reviendrai encore. » Quelle sainte obstination. Chercher Dieu, caché derrière les portes, comme il était caché dans la nuée à côté de Moïse sur la montagne[1]. Chercher Dieu caché dans l'église en pleine ville désertée.

Il y a pourtant une consolation pour le fidèle obstiné derrière la porte. De là, il ne voit certes pas, mais il doit au moins nous entendre chanter. Moïse, dans la nuée, sur la montagne, n'a rien vu non plus. Dieu lui était invisible, mais il l'a entendu. Il entendait la réponse d'un Dieu qui écoutait sa plainte. Je crois fermement que les anges étaient là aussi, sur la montagne sainte. Aussi, celui que Moïse ne voyait pas, les anges, eux, le voyaient. Celui qu'il

1. Voir Exode 24, 15.

ne pouvait toucher, les anges le contemplaient. Sans cesse, ils allaient et venaient, traversant sans peine l'abîme séparant le visible et l'invisible. Aujourd'hui encore, ils poursuivent leur va-et-vient céleste en comblant toute distance.

Voilà où nous en sommes. J'ai pris pas mal de retard. Au moment où j'écris ces lignes, on en est déjà au troisième épisode de confinement. Et les portes à nouveau se sont fermées, les gens, à nouveau, sont contraints de vivre loin les uns des autres. Les anges ne nous ont jamais été aussi utiles. Parce qu'ils se fichent bien des murs et des portes, et parce qu'ils n'ont pas besoin d'autorisation dérogatoire pour se déplacer. Parce qu'ils peuvent chanter sans avoir peur de transmettre le virus, parce qu'ils sont libres, parfaitement. Et puis ils savent, les anges, que tout ceci n'est que provisoire. Ils perçoivent déjà l'étape suivante, et celle encore d'après, jusqu'à l'ultime dénouement de toutes les histoires et de toute l'histoire, en Dieu.

Puisque tout ceci ne nous est pas encore très clair, c'est le moment de regarder les anges, qui nous montrent le chemin. Eux qui vivent en chœur nous font comprendre l'importance de se réunir. Eux qui sont messagers nous rappellent l'importance d'aller et venir. À l'heure où se réunir est interdit et où se déplacer est devenu un délit, les anges nous appellent donc à une certaine résistance, voire à la désobéissance civile. L'ange est politique, il fallait s'en douter : n'y a-t-il pas un ange pour chacune des villes mentionnées dans l'Apocalypse[1] ? On a vu aussi que le prophète Daniel mentionne les « anges des nations », puissances tutélaires qui accompagnent les communautés humaines dans leur histoire…

L'histoire ne dit pas pour qui ils votent, mais leur existence nous rappelle quelques bons principes de gouvernement : D'abord, la liberté d'aller et venir, et puis celle du culte. Parce que l'ange est d'abord voué au

1. Voir Apocalypse 2, 1-3, 22.

culte de Dieu, dont il nous partage ici-bas la gloire. Ensuite, la décentralisation et le partage des compétences, fondée sur la confiance mutuelle. Parce que l'ange reçoit de Dieu une charge dans le gouvernement divin, au risque de mettre en danger le plan de Dieu qui lui fait totalement confiance et qui assumera finalement le risque qu'il a pris en confiant à de futurs rebelles une part de sa souveraineté. C'est ça aussi, un vrai leader : ça assume les conséquences les plus difficiles de ses choix les meilleurs. Quitte à en payer le prix par sa propre vie.

Mais la grande leçon de politique que nous donnent les anges ne s'arrête pas là. Ils sont tournés vers Dieu, c'est-à-dire vers notre fin, notre destinée, notre but. Et ils nous entraînent dans leur regard. Un psaume dit : « Par ta lumière nous verrons la lumière » (36, 10). Les anges sont la lumière qui nous est envoyée des cieux pour que nous puissions voir plus clair. Grégoire de Nazianze dit à leur sujet : « Ils sont si bien marqués et modelés par la beauté [Dieu lui-même] qu'ils deviennent d'autres lumières et peuvent illuminer les autres en rayonnant sur eux cette lumière et en la leur communiquant[1]. » Pourtant, ce n'est pas d'abord le ciel que les anges nous proposent de regarder. Au début des Actes des Apôtres, deux hommes en blanc (sont-ils des anges ?) s'adressent aux apôtres qui viennent de voir Jésus monter aux Cieux : « Hommes de Galilée, pourquoi restez-vous ainsi à regarder le ciel ? » (Actes 1, 11). Les anges nous proposent plutôt de regarder le monde droit devant, sans baisser les yeux, ni les lever au ciel !

Ils nous apprennent à voir le monde dans la lumière de Dieu, celle qui éclaire toute chose. Ce sont les anges qui montrent au Voyant du livre de l'Apocalypse la Cité de Dieu, toute baignée dans la lumière de l'Agneau qui éclaire bien plus que le soleil ou la lune (21, 23). Les anges nous aident à voir, dès à présent, toute chose

1. GRÉGOIRE DE NAZIANZE, *Discours Théologiques*, 22, 31, trad. P. Gallay, Paris, Éd. du Cerf, coll. « Sources Chrétiennes », 1987, p. 173.

dans cette lumière. Ils nous font voir, dès ici-bas, comment la lumière finale, qui nous vient de la Cité céleste, éclaire déjà ce monde enténébré par la chute du démon. Les anges sont la lumière à travers laquelle nous pouvons porter un regard contemplatif sur le monde, un regard qui choisit de voir le beau, un regard qui choisit de voir la vie, un regard qui choisit de voir tout ce qui dans le monde est gage et promesse d'un avenir radieux. Dans la lumière des anges, nous choisissons de ne voir que la lumière.

Bref, les anges nous apprennent à voir le présent à l'aune de l'avenir. Un avenir définitivement scellé par la Victoire de l'Agneau sur la bête de l'Apocalypse, c'est-à-dire de la victoire de Jésus sur tout mal. L'ange nous rappelle ainsi que ce monde est en croissance et qu'il n'a pas dit son dernier mot. Il nous rappelle que la Création tout entière crie dans les douleurs d'un enfantement qui n'est pas encore arrivé à terme (Romains 8, 22). Le monde présent n'est pas l'état ultime de l'univers. Il tient en réserve un avenir radieux, il sera transfiguré, rendu parfait par Dieu. D'ores et déjà, l'Incarnation du Christ, ses miracles, inaugurent une ère nouvelle dépourvue de souffrance (Matthieu 11, 5) que le retour glorieux du Sauveur viendra achever (Apocalypse 21, 4). Si la chute des anges déchus a inauguré le règne – provisoire – du « prince de ce monde » qui « est déjà jugé » (Jean 12, 31 ; 16, 11), le chant triomphal des anges restés fidèles (Isaïe 6, 3 ; Apocalypse 4, 8 ; 5, 11-12) annonce, lui, les temps nouveaux où tout sera récapitulé « sous un seul chef, le Christ : les êtres célestes comme les terrestres » (Éphésiens 1, 10).

L'ange nous apprend à voir la part d'éternité naissante dans toute réalité fugace qui porte en elle un brin d'amour, une once de grâce. L'ange est joyeux, parce qu'il voit tout ce qui, dans le monde d'aujourd'hui, contribue à la victoire de demain. L'Adversaire, lui, se plaît au contraire à nous faire regarder autour de nous les traces de malheur et de désespoir qu'il a semées dans le monde. Il s'ingénie à nous inquiéter devant les dérèglements des cœurs et de la terre, devant les catastrophes humaines et les cataclysmes naturels. Il aimerait tant que, face aux failles béantes laissées dans le cœur de l'homme et au cœur de la création, nous disions : « Cela, définitivement, n'a pas de sens. » L'Accusateur voudrait figer, congeler le monde dans son état présent, irrésolu et imparfait. Mais il n'y a rien de définitif dans ce monde dont la figure « passe » (1 Corinthiens 7, 31). Il n'y a rien de figé dans ce monde en naissance. Il n'y a de définitif que Dieu et sa victoire. C'est à l'aune de l'eschatologie, seulement, que se juge l'histoire. Comme le dit Thomas Merton, moine trappiste américain :

> Nous devons voir l'histoire comme un livre scellé qui ne peut être ouvert que par la Passion du Christ. Mais nous préférons la voir du point de vue de la Bête[1].

1. T. Merton, *A Vow of Conversation*, New York, Farrar Strauss Giroux, 1988, p. 182-183.

La bête dont il s'agit ici est encore celle de l'Apocalypse (Apocalypse 13, 1), ange déchu par excellence. La ruse ultime du diable est de nous faire voir l'histoire du monde de son point de vue qui occulte parfaitement l'action de Dieu. Merton encore[1] :

> Le grand espoir de notre temps est, selon moi, non pas que l'Église devienne à nouveau une puissance mondiale, mais au contraire, que la puissance de la foi et de l'Esprit puisse secouer le monde, lorsque les chrétiens auront perdu ce à quoi ils se retiennent et seront entrés dans le Royaume eschatologique. C'est là, en fait, qu'ils sont déjà. Mais ils ne savent pas comment lâcher prise et tomber dans les profondeurs où il n'y a plus rien pour se retenir. Ils ne font pas confiance à Dieu pour secouer le monde, ils préfèrent le secouer eux-mêmes. Et cela, c'est leur propre ruine. Parce qu'il le secoue, malgré tout !

1. T. MERTON, *A Vow of Conversation*, New York, Farrar Strauss Giroux, 1988, p. 9-10

Voir le monde dans la lumière des anges, c'est voir Dieu qui secoue l'histoire, et apercevoir déjà comment la Passion du Christ ouvre le Livre scellé de l'Apocalypse. Dans ce livre, tout sera révélé et tout sera accompli.

Aussi, les bons anges indiquent à la création déchue le chemin de la rédemption : l'adoration du Christ, l'Agneau de Dieu vainqueur. C'est tout spécialement dans le culte liturgique que notre regard peut se convertir pour voir le monde dans la lumière angélique. La liturgie terrestre, reflet du culte céleste, est fondamentalement eucharistie – action de grâces. C'est pourquoi les anges nous accompagnent dans toutes nos liturgies terrestres, et plus particulièrement dans chaque eucharistie. Ils nous apprennent à rendre grâce, d'ores et déjà, pour tout ce que le Seigneur a fait, et pour tout ce qu'il fera encore pour nous[1].

---

1. Voir E. PETERSON, *Le livre des anges*, Genève, Ad Solem, 1996, p. 41-52.

Lorsque les fidèles, à la messe, chantent « Saint, Saint, Saint le Seigneur », ils reprennent le chant des anges entourant le trône céleste dans la vision d'Isaïe (6, 3). Les anges les invitent ainsi à entrer dans une louange qui transforme le regard. Le chant ouvre les yeux, aussi la messe nous apprend à voir. Dans la première prière eucharistique – le Canon romain – le prêtre dit au sujet de l'offrande qu'il fait du pain et du vin, devenus corps et sang du Christ :

> Nous t´en supplions, Dieu tout-puissant : qu´elle soit portée par ton ange en présence de ta gloire, sur ton autel céleste, afin qu´en recevant ici, par notre communion à l´autel, le corps et le sang de ton Fils, nous soyons comblés de ta grâce et de tes bénédictions.

L'ange contribue donc à élever notre offrande humaine jusqu'aux cieux. Il nous aide à perfectionner notre louange et à nous maintenir dans la louange, pour avoir part, dès ici-bas, à la gloire du ciel, là où nous devons déjà demeurer. L'ange est politique, parce qu'il est résolument citoyen, mais citoyen des cieux. Il est subversif, parce qu'il nous invite à prendre très au sérieux cet appel de Paul :

> Pour nous, notre cité se trouve dans les cieux, d'où nous attendons ardemment, comme sauveur, le Seigneur Jésus-Christ, qui transfigurera notre corps de misère pour le conformer à son corps de gloire, avec cette force qu'il a de pouvoir même se soumettre toute chose [Philippiens 3, 20].

Le citoyen des cieux que nous sommes n'a certes pas à répudier sa citoyenneté terrestre. L'ange nous apprend aussi que, même à la fin de l'histoire, nous resterons des hommes, et nous ne deviendrons jamais des anges. À la résurrection, dit Jésus, nous serons « comme des anges » (Marc 12, 25) mais non pas « des anges ». La jalousie même des anges déchus, qui envient à l'homme leur science de Dieu et peut-être même leur corps humain, nous invite à ne pas trop vite rêver d'abandonner nos corps. Qui fait l'ange fait la bête. L'ange nous rappelle à notre condition incarnée. Non, homme, tu n'es pas qu'une intelligence, un cerveau, ou même une somme d'informations que l'on pourrait un jour télécharger sur une simple carte à puce. Tu es homme, c'est ton trésor, c'est ta grâce, ne l'oublie pas. Chacun à son rang : les bêtes, les hommes, les anges. Et puisque les hommes demeureront hommes, toujours, ils auront encore besoin, aux cieux d'une maison, d'une cité.

Mais l'homme sait que la cité qu'il habite ici-bas a pour vocation à se fondre avec celle-là qu'il recevra d'en haut. Parce que la volonté de Dieu sera faite sur la Terre comme aux Cieux, et qu'ainsi la terre transfigurée sera une avec le ciel. Le démon, c'est le diable, *dia-bolos*, en grec, littéralement celui qui sépare. Il sépare les hommes de Dieu, le monde terrestre du monde céleste, le présent de l'avenir. Le démon se fait une joie de voir les portes de nos églises fermées, parce qu'il veut définitivement séparer le sacré du profane et masquer Dieu aux yeux du monde. Les bons anges, eux, prennent une part active à la liturgie, lieu symbolique par excellence, du grec *sym-bolos,* littéralement ce qui unit. Ils comblent les distances, ils relient ce qui était séparé, ils franchissent les portes et percent les nuées. Ils accompagnent les hommes dans leur voyage, tel que le fit l'ange Raphaël pour Tobie (Tobie 5, 4-22).

Les anges attendent le dernier jour avec impatience, et leur hâte de le voir se réaliser explique sans doute leur zèle à vouloir aider les hommes à atteindre leur céleste patrie. Lorsqu'enfin tout sera consommé et que le Christ régnera en gloire, ayant jugé les vivants et les morts, alors les élus seront réunis avec les anges, en une seule cité. Augustin pense ainsi qu'au terme de l'histoire, il y aura deux cités, celle des damnés (les démons et les hommes) et celle des élus (les anges et les hommes) :

Il n'est ni inconvénient ni incohérent de dire qu'il y a une société faite des hommes et des anges, si bien qu'il n'y a pas quatre cités (deux pour les anges, deux pour les hommes), mais deux, c'est-à-dire deux sociétés, composées l'une des bons, l'autre des méchants, chez les hommes comme chez les anges[1].

Pour les élus, il n'y aura qu'une cité, et donc qu'un seul chœur. Ce qu'il manque de voix au céleste concert des anges sera alors enfin comblé par leur chant des élus[2]. Le chœur de la cité céleste sera le plus beau, parce que la voix des anges se mêlera à la voix des hommes. C'est de cette différence que naîtra l'harmonie. L'adoration

1. AUGUSTIN, *Cité de Dieu*, XII, I, 1 trad. G. Combès, Paris, Desclée de Brouwer, coll. « Bibliothèque Augustinienne », 1959, p. 149.

2. Grégoire de Nysse parle de deux cymbales – la nature humaine et la nature angélique – qui seront à nouveau réunies, pour produire une musique harmonieuse, voir GRÉGOIRE DE NYSSE, *Sur les titres des psaumes*, IX, 27, 35-37, trad. J. Eynard, Paris, Éd. du Cerf, coll. « Sources Chrétiennes », 2002, p. 257.

sera alors complète, à la plus grande joie de Dieu à qui hommes et anges adresseront éternellement leur louange. Il manquera certes à ce concert de voix celles de l'Adversaire et de tous ceux qui sont tombés avec lui dans les feux éternels. À eux les grincements de dents (Matthieu 13, 42), aux autres les chants éternels.

Et maintenant ?

Maintenant que nous avons compris que les anges déchus avaient un rapport avec le bazar ambiant, on aimerait savoir ce que cela change dans notre vie quotidienne. Comme je le disais au début de ce livre : rien. J'aimerais passer la tête par la porte du premier laboratoire venu, juste pour voir si les chercheurs ont avancé dans leur recherche depuis le temps que l'on est confiné et que j'ai commencé d'écrire. J'ai fini mon job, ont-ils fini le leur ? Ok, je leur laisse encore un peu de temps, j'admets que leur mission était un peu plus importante et plus complexe que la mienne ! Mais enfin, maintenant que j'ai pu vérifier qu'ils travaillaient toujours, et avant de leur payer le café (ou une bière, ça tient toujours), je vais prier pour eux.

Parce que je sais maintenant que je peux prendre part au combat qui se déroule là-haut. Je peux encourager l'archange Michel et sa bande à combattre l'Adversaire et ses compagnons d'infortune. Peut-être que je ne peux pas grand-chose à ce combat, et que ma prière n'aura pas plus d'effet que celle d'un supporter dans un stade qui s'époumone pour encourager son équipe préférée. Je ne suis pas (mais alors pas du tout) footballer professionnel, mais j'ai tout de même l'impression que c'est moins drôle de jouer dans un stade vide pour cause de confinement. Je sais aussi qu'on l'emporte moins facilement si l'on est privé de la moitié de ses supporters parce que l'on ne joue pas à la maison. C'est encore plus dur lorsque, confinement oblige, on joue en l'absence totale de supporters ! J'en déduis donc que je ne suis pas complètement inutile en priant, et encore moins si d'autres font la même chose en même temps. Nous soutenons, d'une façon ou d'une autre, Michel et ses célestes compagnons, et je n'ai qu'une envie, c'est qu'ils gagnent. Certes, je sais déjà que c'est gagné. Mais je voudrais que cela soit gagné au plus vite.

Ne me demandez pas comment ça marche. Mais j'ai le sentiment que ma comparaison sportive n'est pas si mauvaise. Ce n'est pas moi qui me bats, mais c'est moi qui encaisse les coups. « Ils s'acharnent, ils me guettent tout le jour, mais là-haut, une armée combat pour moi », comme dit le Psaume 56, 3. Ici-bas aussi, l'armée est en blouses blanches et porte masque et visière, là-haut ils ont des ailes et des glaives[1]. Je ne sais pas comment l'une soutien l'autre, mais je sais juste que l'une n'est pas incompatible avec l'autre. Et comme je ne peux pas payer un coup à boire aux anges (qui n'ont pas de corps et seraient bien embêtés, une pinte entre

1. Pour ceux qui suivent depuis le début, nous sommes d'accord : les anges n'ont pas vraiment de glaives ou d'ailes. Ils sont 100 % incorporels, créatures « invisibles ». Une épée et des ailes ne leur seraient pas utiles pour mener le combat contre leurs ennemis, les anges déchus. Ce sont des purs esprits qui s'affrontent. La manière dont se déroule ce combat nous échappe.

leurs ailes) je les prie. Car oui, on peut, légitimement, prier les anges sans menacer de tomber dans le « culte des anges » dénoncé en Colossiens 2, 18. À condition de se souvenir de tout ce que l'on a dit jusqu'ici et notamment du fait qu'ils sont des créatures inférieures à Dieu qui les a créés.

Et c'est là que le ministre de la Santé vient donner le coup de pouce final à mon propos, en cette fin de confinement. Il vient de dire, en conférence de presse, que les brigades qui seront chargées de « tracer » les personnes en contact des malades du virus seront des « anges gardiens ». Ils seront là pour s'assurer, au fond, de leur bonne santé. Quoique l'on pense de la méthode, je remercie Monsieur le ministre d'avoir bouclé la boucle : Les anges gardiens, si l'on élargit un peu son propos, ce sont aussi les médecins, infirmiers aides-soignants et tous ceux qui, sur cette terre bien réelle, ont contribué à remporter la lutte contre l'odieux

Covidard. Ils ont pour alliés les anges du ciel, qui luttent à leur façon pour et avec eux. Les anges du ciel et de la terre se rejoignent donc dans un même combat contre le mal. Contre Satan et ses troupes célestes, et tous ses agents terrestres : qu'il s'agisse du méchant virus ou des tentations diverses de repli, de discrimination, de manipulations, de peur et de désespoir qui l'accompagnent.

À partir de là, plusieurs options : on peut bien sûr prier le Bon Dieu pour qu'il subjugue les anges déchus qui continuent à s'activer sur terre. On peut encore prier les saints. Pour ceux qui suivent, ces saints sont en fait les âmes des saints. Puisqu'ils sont morts, les saints ont subi le lot commun de la séparation de l'âme et du corps[1]. Ils jouissent donc actuellement de

1. À la noble et notable exception de la Sainte Vierge Marie qui est déjà montée « âme et corps » aux cieux, préfigurant la résurrection des corps qui aura lieu à la fin des temps, au jugement dernier. À ce stade, tout le monde, c'est-à-dire chaque âme, saints compris, retrouvera son corps (quant à la nature de ce corps, c'est une autre question que nous ne pouvons pas traiter ici. Disons seulement

l'état ambigu et pas forcément si enviable d'être des « âmes séparées » absolument consolées et comblées néanmoins par le fait qu'elles voient Dieu face à face (une vision, on le remarquera, toute spirituelle). Les âmes des saints sont donc assez proches des anges : spirituelles et aptes, elles aussi, à combattre le bon combat. La dernière option est donc de prier les anges, pour les encourager, comme les autres, dans le même et juste combat.

Puisque l'armée du ciel aide celle de la terre, il ne faut pas sous-estimer l'inverse. Les anges du ciel et les saints sont heureux de savoir que des médecins s'acharnent à guérir le malade. Nos célestes alliés seraient les premiers à déplorer que l'on n'emploie pas tous les moyens disponibles dans le monde visible (des virus, des médecins et des molécules) pour combattre le mal. Prétendre opposer un traitement physique de la maladie, à l'aide

---

que ce sera bien « mon corps » mais qu'il sera tout de même différent...)

de la médecine moderne, en s'en remettant uniquement aux forces surnaturelles serait finalement contrevenir à la prière du Seigneur : « Notre Père, que ta volonté soit faite sur la terre comme au ciel. » Qu'ici, nous nous battions contre le mal comme là-haut, les puissances célestes se battent contre le même mal, chacun avec ses armes. Solidaires dans la lutte, nous le serons encore dans la victoire. Il sera alors temps de prendre part dans le cortège triomphal, celui du Christ vainqueur de tous ses ennemis, les anges déchus aux noms mystérieux de « Principautés » et de « Puissances » :

> Il a dépouillé les principautés et les puissances et les a données en spectacle à la face du monde en les traînant dans son cortège triomphal [Colossiens 2, 15].

J'attends donc avec impatience ce défilé majestueux, qui résoudra de manière définitive l'épineuse question et la curieuse exception des anges déchus. D'ici là, je mets un point final à ce petit livre, en priant mon ange de bien vouloir m'excuser pour ses nombreuses imprécisions, et de souffler à l'oreille de mes lecteurs les corrections qui s'imposent. Et maintenant : Silence ! un ange passe...

Table des matières

Composition et mise en pages
Nord Compo à Villeneuve-d'Ascq

Imprimé en France
par Présence Graphique

N° d'imprimeur : 072169669
Achevé d'imprimer : juillet 2021
Dépôt légal : septembre 2021